VOIX DEPUIS LA PRISON

VOIX DEPUIS LA PRISON
Les Cinq Cubains

PATHFINDER

New York   Londres   Montréal   Sydney

Rédaction : Mary-Alice Waters

Copyright © 2014 Pathfinder Press
Tous droits réservés / All rights reserved

ISBN 978-1-60488-068-7
Numéro de contrôle de la Bibliothèque du Congrès 2014953037
Fabriqué au Canada / Manufactured in Canada

CONCEPTION GRAPHIQUE DE LA COUVERTURE : Eva Braiman
PEINTURE DE LA COUVERTURE : *Un jour, ma chemise de prison restera accrochée là*, pastel d'Antonio Guerrero.

Pathfinder
www.pathfinderpress.com
pathfinder@pathfinderpress.com

Table des matières

Préface
    Mary-Alice Waters   7

Qui sont les Cinq Cubains   13

MON AMITIÉ AVEC RENÉ A CHANGÉ MA VIE
    Rodolfo Rodríguez   17

EN PRISON, J'AI CONNU L'ESPRIT DE RÉSISTANCE DE FERNANDO
    Carlos Alberto Torres   27

COMMENT NOUS SOMMES SORTIS DU « TROU »
    Ramón Labañino   35

FIER DE CONNAÎTRE QUELQU'UN COMME RAMÓN
    Secundino Pérez   41

ILS OFFRAIENT « CE QUE TU VEUX » POUR QUE JE TRAHISSE
    Gerardo Hernández   49

HOMMAGE À NELSON MANDELA
    Gerardo Hernández   53

LA TORTURE DE CAMPOS
    Gerardo Hernández   57

DEPUIS LE TROU
    Antonio Guerrero   61

DANS LE SYSTÈME PÉNAL US, AVOIR EU UN PROCÈS TE GAGNE DU RESPECT
    René González   65

JAMAIS JE NE LEUR DONNERAI LE PLAISIR DE DÉTRUIRE NOTRE FAMILLE
    Elizabeth Palmeiro   73

POURQUOI LUTTONS-NOUS POUR LES CINQ ? PARCE QUE NOUS LUTTONS POUR NOUS
    Rafael Cancel Miranda   87

Préface

« *Quand on écrira l'histoire de l'humanité, il faudra y inclure une page pour les cinq héros cubains. Ce sont des héros internationalistes, des héros mondiaux.* »

JOSÉ LUIS PALACIO
La Havane, février 2013

CES PAROLES DE JOSÉ LUIS PALACIO expriment le verdict des millions de personnes qui, à Cuba et dans le monde entier, luttent pour la liberté de Gerardo Hernández, Ramón Labañino, Antonio Guerrero, Fernando González et René González, connus internationalement comme les Cinq Cubains.

Aujourd'hui mécanicien de systèmes de réfrigération à Pinar del Río, José Luis Palacio faisait partie des jeunes volontaires cubains qui ont combattu au sein du peloton de reconnaissance dirigé par le lieutenant Gerardo Hernández Nordelo dans la province de Cabinda au nord de l'Angola, il y a un quart de siècle. Le peloton était engagé dans des opérations de nettoyage suite à la défaite en 1988 des forces armées du régime suprématiste blanc de l'Afrique du Sud lors de la bataille de Cuito Cuanavale dans le sud de l'Angola.

En 1991, Nelson Mandela a déclaré au peuple de Cuba et au monde que la « défaite écrasante de l'armée raciste à Cuito Cuanavale » infligée par les forces combinées des volontaires internationalistes cubains et des troupes angolaises et namibiennes, toutes sous commandement cubain, n'a pas seulement « brisé le mythe de l'invincibilité des oppresseurs blancs. » C'était « un point tournant dans la lutte pour libérer notre continent et notre pays du fléau de l'apartheid ! »

Trois des Cinq Cubains — René González et Fernando González, en plus de Gerardo Hernández — ont fait partie des quelque 425 000 volontaires cubains qui ont rendu cette victoire possible.

Aujourd'hui, Gerardo Hernández est incarcéré dans le pénitencier à sécurité maximale de Victorville en Californie. Victime d'un coup monté l'accusant de complot en vue de faire de l'espionnage et de complot en vue de commettre un assassinat, il purge deux peines concurrentes de prison à vie sans possibilité de libération conditionnelle. Gerardo Hernández, Ramón Labañino et Antonio Guerrero ont maintenant passé plus de 16 ans dans des prisons fédérales américaines.

René González, qui a purgé sa peine en totalité — 14 ans et demi de détention aux États-Unis — est retourné à Cuba en mai 2013. Fernando González a été libéré en février 2014 après avoir passé près de 15 ans et demi derrière les barreaux, avant d'être immédiatement expulsé vers Cuba. Depuis leur retour, les efforts inlassables de René et Fernando ont apporté une énergie nouvelle à la lutte mondiale pour faire libérer les Cinq.

L'arrestation en 1998 des Cinq Cubains et le coup monté contre eux ; leur procès à Miami, en Floride, et leur déclaration sommaire de culpabilité pour tous les chefs d'accusation malgré des preuves écrasantes du contraire ; les peines exorbitantes qu'ils ont reçues ; les punitions revanchardes et les conditions inhumaines qu'ils ont dû affronter, en particulier pendant la première année et demie de détention avant leur procès ; le respect qu'ils ont gagné de leurs compagnons de détention pour leur conduite empreinte de principes et pour la main aidante qu'ils leur ont tendue — tout cela touche une corde sensible et profonde chez des millions de travailleurs aux États-Unis. Parce que des millions de personnes ont vécu des expériences similaires avec le système de « justice » capitaliste ou connaissent les épreuves traversées par des parents, amis et compagnons de travail.

Avec plus de 2,2 millions d'hommes et de femmes derrière les barreaux aujourd'hui, les États-Unis sont le pays ayant le taux d'incarcération le plus élevé au monde. De surcroît, selon la Cour suprême des États-Unis même, 97 pour cent de ceux qui sont détenus dans les prisons fédérales n'ont jamais eu de procès. Menacés de passer leur vie en prison ou pire s'ils maintiennent leur innocence et revendiquent leur droit à un procès tel que le garantit la Constitution des États-Unis, ils ont été contraints par ce chantage de négocier leur peine pour des crimes qu'ils n'ont jamais commis. Que chacun des Cinq ait refusé de même envisager une telle démarche leur a valu un énorme respect parmi les autres prisonniers.

Les récits qui suivent donnent vie à la bataille menée par les Cinq Cubains depuis plus de 16 ans pour gagner leur liberté et, plus important encore, ils montrent *qui ils sont*.

Cet ouvrage accompagne l'éloquence graphique d'Antonio Guerrero dans ses 15 aquarelles pour 15 ans, *Je mourrai comme j'ai vécu*. Il s'appuie sur deux autres titres : *Les Cinq Cubains : qui ils sont, pourquoi le coup monté contre eux, pourquoi ils doivent être libres* et *Cuba* et *l'Angola : lutter pour la liberté de l'Afrique et la nôtre*.

■

Les entretiens, articles, poèmes, peintures, photographies et discours que l'on trouve dans les pages de *Voix depuis la prison : les Cinq Cubains* ont une chose en commun. Grâce à eux, nous arrivons à connaître l'intégrité, la résilience, la stature et l'humanité révolutionnaires de chacun des Cinq Cubains. Ils nous offrent un aperçu révélateur de leur vie au cours de ces 15 dernières années en tant que combattants révolutionnaires au sein d'une grande section de la classe ouvrière aux États-Unis — celle des travailleurs derrière les barreaux.

Il en ressort clairement qui sont les Cinq.

Certains des témoignages publiés ici sont des hommages de codétenus dont la vie a été transformée par l'amitié avec l'un ou l'autre des Cinq au cours du temps passé ensemble en prison.

Certains textes sont des articles, poèmes et messages écrits par l'un ou l'autre des Cinq Cubains mêmes. Certains sont des entretiens avec eux, faisant connaître au monde entier la vérité sur leurs expériences de prison.

Un entretien avec Elizabeth Palmeiro, qui est mariée à Ramón Labañino, nous emmène à l'intérieur de la vie des familles des Cinq et nous montre comment les autorités pénitentiaires utilisent de façon routinière les droits de visite comme une arme pour tenter de briser à la fois les prisonniers et leurs êtres chers. Et, ce qui est plus important, il montre non seulement comment les autorités n'ont pas réussi à atteindre leur but mais comment les Cinq et leurs familles se sont défendus.

■

Trois *Voix* méritent ici qu'on s'y attarde. Ce sont celles d'autres combattants ou des voix qui en parlent, des combattants qui ont eux-mêmes connu de nombreuses années d'emprisonnement pour leurs actions en défense de la souveraineté et de l'indépendance de leur propre peuple.

Nelson Mandela, dirigeant pendant des décennies de la lutte révolutionnaire qui a fait tomber le régime suprématiste blanc de l'Afrique du Sud et fut le premier président élu par le peuple de ce pays, a passé plus de 27 années dans les prisons de l'apartheid entre 1962 et 1990, dont un grand nombre aux travaux forcés.

L'exemple de résistance et de force de Nelson Mandela a été une étoile polaire pour Gerardo Hernández. Ce dernier a réussi à garder une photo de Mandela avec lui pendant les nombreux mois passés en isolation carcérale avant le procès, dans les cellules disciplinaires du Centre de détention fédéral de Miami. Son hommage à Nelson Mandela reproduit ici a été rédigé lorsqu'il a appris le décès du dirigeant sud-africain le 5 décembre 2013. Il a été communiqué par téléphone à des amis au cours d'une brève ouverture entre deux périodes prolongées de confinement cellulaire au pénitencier de Victorville.

« Nous les Cinq Cubains, nous continuerons à affronter chaque jour notre emprisonnement injuste, jusqu'à la fin, inspirés par son exemple de loyauté et de résistance indéfectibles. » Il n'y a pas d'hommage plus profondément ressenti — ni d'hommage plus mérité — qui pouvait être rendu à Nelson Mandela.

■

Deux autres *Voix* sont celles de combattants pour l'indépendance de Porto Rico qui, comme les Cinq, ont passé des décennies dans les prisons du maître colonial de Porto Rico. Libéré après 30 ans passés dans les prisons US, Carlos Alberto Torres rend hommage à Fernando González, qu'il a appris à connaître et profondément respecter pendant les cinq années qu'ils ont passées ensemble à la prison fédérale d'Oxford, dans le Wisconsin.

Et Rafael Cancel Miranda, qui a lui aussi passé 27 ans et demi dans les prisons de Washington à cause de ses actions en faveur de l'indépendance, clôture ces pages avec la plus profonde vérité révolutionnaire pour les masses laborieuses de l'humanité à travers le monde :

« *Pourquoi luttons-nous pour les Cinq ? Parce que nous luttons pour nous. Nous ne leur rendons pas un service. Nous nous rendons service à nous-mêmes. Nous luttons pour nous, pour notre liberté.* »

Mary-Alice Waters
Octobre 2014

Qui sont les Cinq Cubains

GERARDO HERNÁNDEZ, Ramón Labañino, Antonio Guerrero, Fernando González et René González sont connus par des millions de personnes dans le monde comme les Cinq Cubains. En 1998, ils vivaient et travaillaient dans le sud de la Floride quand chacun d'entre eux a été arrêté par la police fédérale des États-Unis au cours de raids coordonnés effectués avant l'aube.

Quelles étaient leurs activités prétendument criminelles ?

Ils recueillaient des renseignements sur les plans et les activités d'organisations contre-révolutionnaires cubano-américaines, y compris de groupes paramilitaires meurtriers qui fonctionnent en toute impunité sur le sol des États-Unis. Ces groupes et les individus qui en font partie ont une histoire longue de plus d'un demi-siècle d'attentats, d'assassinats et d'attaques contre des Cubains et des partisans de la révolution cubaine — aux États-Unis, à Porto Rico, au Venezuela, à Panama et ailleurs, ainsi qu'à Cuba.

Depuis 1959, près de 3 500 hommes, femmes et enfants à Cuba ont été tués dans ces attaques, la plupart préparées depuis les États-Unis. La tâche des Cinq était de maintenir informé le gouvernement cubain sur les opérations meurtrières qui se préparaient afin d'en empêcher le plus grand nombre possible de se réaliser.

Les Cinq ont été traduits en justice et condamnés par un tribunal fédéral de Miami à partir d'accusations montées de toutes pièces. Ces dernières comprenaient celle de complot pour faire de l'espionnage et, dans le cas de Gerardo Hernández, de complot en vue de commettre un assassinat. Ajoutée plusieurs mois après son arrestation, cette dernière accusation reposait sur l'allégation que Gerardo Hernández savait d'avance que le gouvernement cubain allait abattre en février 1996 au-dessus des eaux territoriales cubaines deux avions dont les promoteurs basés à Miami avaient ignoré les avertissements répétés de La Havane de cesser leurs nombreuses provocations dans l'espace aérien cubain.

Chacun des Cinq a fièrement reconnu devant le tribunal et devant le monde entier qu'ils travaillaient pour le gouvernement cubain afin de prévenir des actes meurtriers — et qu'ils le referaient avec joie si on le leur demandait. Sur leurs têtes restées hautes, la juge a imposé les peines maximales, allant de 15 ans pour René González à la perpétuité sans libération conditionnelle pour Antonio Guerrero et Ramón Labañino, et deux peines de prison à vie pour Gerardo Hernández, qui dirigeait cet effort.

Admettant qu'il y avait une atmosphère manifestement préjudiciable entourant le procès, un comité de trois juges de la cour d'appel fédérale a unanimement rejeté les condamnations en 2005. Suite à un appel du gouvernement, l'ensemble de la cour a rétabli les condamnations un an plus tard.

Une cour fédérale a établi en 2008 que les peines imposées à trois des cinq — Antonio Guerrero, Ramón Labañino et Fernando González — outrepassaient les règles fédérales en la matière. La peine de Ramón Labañino a été réduite de la perpétuité sans libération conditionnelle à 30 ans et celle d'Antonio Guerrero, de la perpétuité sans libération conditionnelle à 21 ans et 10 mois. La sentence de Fernando González n'a été que légèrement réduite, de 19 à 17 années et 9 mois. Le tribunal a tout simplement refusé d'envisager une réduction de peine pour Gerardo Hernández, sous prétexte qu'il purge non pas une mais deux peines de perpétuité et que le faire ne changerait donc rien !

En mai 2013, René González est devenu le premier des Cinq à retourner à Cuba après avoir purgé chaque jour de sa peine — plus de quatorze ans et demi en détention aux États-Unis. Ayant aussi purgé la totalité de sa sentence, Fernando González a été libéré le 27 février 2014. S'ils devaient purger toute leur peine, Antonio Guerrero ne serait pas libéré avant septembre 2017 et Ramón Labañino ne sortirait qu'en octobre 2024.

Pour Gerardo Hernández, il n'y a pas de date de sortie. De plus, afin de lui infliger un châtiment supplémentaire extrêmement cruel pendant toute la durée de son incarcération, Washington refuse à sa femme Adriana Pérez un visa d'entrée aux États-Unis pour lui rendre visite.

Mais les réductions de peine de 2009 ont confirmé la pression qu'exerce sur les États-Unis la condamnation internationale croissante du procès et de la durée inadmissible des peines de prison imposées aux Cinq Cubains. Au cours de l'audience du tribunal qui a imposé sa nouvelle sentence à Antonio Guerrero, les procureurs fédéraux ont reconnu qu'ils cherchaient à apaiser la « controverse » et le « bruit » entourant cette affaire dans le monde entier.

Depuis, par ailleurs, il a été établi qu'un certain nombre de journalistes couvrant le procès pour la presse de Miami étaient en même temps rémunérés par l'Office de diffusion vers Cuba du gouvernement US. Cette preuve supplémentaire du caractère corrompu du processus judiciaire fait partie des appels d'*habeas corpus* déposés au nom de Gerardo Hernández, Ramón Labañino et Antonio Guerrero.

Pourquoi les Cinq Cubains sont-ils en prison, ne serait-ce qu'un seul jour ?

Parce qu'ils sont des fils exemplaires de la révolution cubaine, les enfants des hommes et des femmes qui ont donné naissance au « premier territoire libre des Amériques » et le défendent. Ils sont pris en otage non seulement pour punir l'audace des travailleurs et paysans cubains qui ont osé défendre la souveraineté de l'Angola, aider à libérer la Namibie et se battre et mourir pour libérer l'Afrique du fléau de l'apartheid. Ils sont punis pour la détermination des travailleurs et des agriculteurs de Cuba à faire et défendre une révolution socialiste dans ce qui était en fait un protectorat colonial des États-Unis. Ils sont en prison parce qu'ils représentent les hommes et les femmes de Cuba qui, jusqu'à ce jour, refusent de se soumettre aux diktats de Washington.

C'est pour ces actions que les Cinq ont été arrêtés, ont fait l'objet d'un coup monté et ont été enfermés durant les trois administrations US de William Clinton, George W. Bush et Barack Obama.

L'intégrité, la dignité, le courage, la sincérité — et l'humour — inébranlables de chacun des Cinq, de même que la connaissance croissante de la constance de leur conduite révolutionnaire à Cuba, en Angola et dans les cellules des prisons US leur apportent un soutien toujours grandissant.

Mais tant qu'un seul d'entre eux reste derrière les barreaux, aucun d'entre nous n'est « libre ».

M-A W

Mon amitié avec René a changé ma vie

RODOLFO RODRÍGUEZ

Rodolfo « Roddy » Rodríguez a purgé une peine à l'Institut correctionnel fédéral de Marianna en Floride aux côtés de René González. Edmundo García l'a interviewé le 13 juin 2012 dans le cadre de sa populaire émission en direct *La tarde se mueve* [L'après-midi bouge] diffusée sur les ondes de Radio Progreso, un poste de langue espagnole à Miami.

■

EDMUNDO GARCÍA : Nous avons attendu cette émission toute la semaine avec impatience. Notre invité d'aujourd'hui s'appelle Rodolfo Rodríguez. Il a 55 ans et tout le monde l'appelle Roddy.

Roddy, tu es arrivé aux États-Unis de Mariel.

RODOLFO RODRÍGUEZ : C'est exact. Mon odyssée vers les États-Unis a commencé en 1980 [*].

---

[*] Rodríguez a fait partie des 128 000 Cubains qui sont venus aux États-Unis en avril 1980 au cours de ce qu'on a surnommé à l'époque l'exode de Mariel. À ce moment-là, le gouvernement US multipliait ses actions agressives dans les Caraïbes et en Amérique centrale en réponse aux victoires révolutionnaires de 1979 au Nicaragua et à la Grenade, ainsi qu'aux batailles de classe qui s'intensifiaient au Salvador, au Guatemala et dans le reste de la

GARCÍA : Roddy a fait de la prison avec le combattant antiterroriste cubain et héros de la République de Cuba, René González. Pendant quelques années, de 2004 jusqu'à la libération de René en septembre 2011, Roddy a pu le connaître et cela l'a marqué à vie.
Comment as-tu fait la connaissance de René ?
RODRÍGUEZ : Je suis arrivé à la prison de Marianna en 2002. En 2004 un ouragan l'a détruite et la Garde Nationale nous a évacués. Deux mois plus tard, j'ai fait partie du premier groupe qui y est retourné. Le lendemain est arrivé un groupe venant d'une autre prison et René González en faisait partie.

Un compagnon cubain nous a présenté ainsi : « Salut mon pote, je te présente l'espion. » Tout le monde là-bas les appelait « espions » — c'était comme ça et ils l'acceptaient. Ils étaient accusés de ça, même s'ils n'avaient jamais fait d'espionnage.

C'est comme ça qu'a commencé ma relation avec René et jusqu'à aujourd'hui, je peux te dire que c'est une des amitiés qui a le plus contribué à bâtir ma vie.

J'ai été élevé dans une famille où il y avait beaucoup de rancoeur contre le gouvernement de notre pays. Aujourd'hui je remercie Dieu de penser tout à fait différemment.

Je crois en Dieu et j'étais connu comme celui qui dirigeait l'Église en prison. Je dois te dire ceci pour que tu puisses comprendre ce qui va suivre.

---

région. En bonne place dans la campagne de propagande politique orchestrée par l'administration du président US James Carter, il y avait l'affirmation que la Havane empêchait de partir les Cubains qui voulaient le faire. Le gouvernement révolutionnaire a répondu à Washington en ouvrant le port de Mariel aux bateaux privés venant des États-Unis pour prendre à leur bord tous ceux qui voulaient émigrer. Plus de 100 000 personnes l'ont fait avant que le gouvernement US ne fasse volteface et exige du gouvernement cubain de mettre fin à l'exode.

Quand j'ai connu René, je lui ai rapidement dit que je croyais en Dieu. Je m'attendais à ce que René me contredise, qu'il entre dans une polémique. Que s'est-il passé ? Il m'a répondu : « Très bien. Moi, non. Mais je pense qu'un véritable chrétien voudra le bien de l'humanité et si mon amitié t'aide à devenir un meilleur chrétien, je serai satisfait. » Ceci m'a touché profondément.

Notre amitié a commencé ainsi. Nous vivions à deux cellules de distance. Nous ne partagions pas la même cellule : nous avions chacun trop de livres et d'autres choses qui ne pouvaient pas entrer dans une cellule. On se rencontrait dès qu'ils ouvraient les portes sauf quand René allait courir. Il n'était pas facile à suivre car il courait beaucoup.

Ma relation avec René a commencé à changer ma façon de penser. J'ai commencé à regarder les choses par moi-même et finalement il m'a convaincu.

En prison, j'ai fait la connaissance de gens de plusieurs pays — par respect pour eux je ne veux pas mentionner leur nom — et je me suis aperçu, avec infiniment de douleur, que certains d'entre eux ne pouvaient ni lire ni écrire. Et j'ai pensé alors au peuple cubain, même ceux qui sont ici, et je me suis dit : « Hé ! Il n'y en a pas un seul qui ne sache pas lire. Je viens d'un pays où nous avons été bénis. »

Alors j'ai vu tous les aspects positifs de Cuba que je ne voyais pas avant. Et tout ça, j'ai commencé à l'apprendre avec René.

René est un homme de principes. Il avait une phrase à lui : « Les principes n'ont pas de prix car ceux qui en ont ne les vendent pas et celui qui se vend n'a pas de principes. » Les Cinq sont des hommes de principes et je crois que cela a beaucoup contribué au fait que leur popularité s'est accrue et que les gens les respectent dans les prisons où ils ont été.

Je n'oublierai jamais quand René m'a rapporté de la bibliothèque un livre d'histoires bibliques. Il m'a demandé :

« Aimerais-tu qu'on lise ce livre ensemble ? » Le livre était en anglais — je peux lire l'anglais mais lui le lit très bien — et il a commencé à le traduire en espagnol. Nous avons lu le livre en entier : l'histoire d'Abraham, tout.

Des choses comme ça m'ont fait comprendre qu'il n'y avait pas de fanatisme en lui, qu'il était fidèle à ses principes. Il est en accord avec ce qu'il vit. Tu peux lui dire ce que tu penses sans le contrarier. Il respecte tes idées. « Tu as le droit de t'exprimer, tout comme j'ai le droit de penser comme je pense, » disait-il souvent.

GARCÍA : Et les autres prisonniers, ressentaient-ils le même respect à son égard ?

RODRÍGUEZ : Je pense que là-bas tout le monde le respectait. Je n'oublierai jamais ce jeune Noir qui a été son compagnon de cellule. C'était un rappeur et il a composé un rap avec des thèmes politiques sur les États-Unis. Il chantait sa chanson dans la cour où avaient lieu des évènements lors d'occasions spéciales comme le 4 juillet ou la veille de Noël. Je ne peux pas décrire exactement ses idées politiques mais peut-être a-t-il été inspiré par ses rapports avec René et le fait d'être parvenu à comprendre la cause des Cinq. Beaucoup de monde ne comprenaient pas ce qui se passait avec la cause des Cinq et lorsqu'ils s'informaient, ils étaient surpris. Nous avons même fait produire un T-shirt avec le symbole des Cinq et l'étoile du drapeau cubain.

GARCÍA : Que faisiez-vous au cours d'une journée type pendant ces années-là ?

RODRÍGUEZ : Comme je l'ai déjà dit, René courait beaucoup. Et quand il ne courait pas, il lisait. On pouvait voir dans son courrier la solidarité qu'il recevait de partout dans le monde. C'était un moment quotidien qu'on attendait avec impatience : des tonnes de lettres et toutes pour une seule adresse, celle de René. Elles venaient d'Australie, de Russie, de Chine, de tous

AVEC L'AIMABLE AUTORISATION DE RODOLFO RODRÍGUEZ

« René avait l'habitude de dire : « Les principes n'ont pas de prix car ceux qui en ont ne se vendent pas et celui qui se vend n'a pas de principes, » a dit Rodolfo Rodríguez. Les principes des Cinq Cubains ont « contribué beaucoup à ce qu'on les respecte en prison. »

Rodolfo Rodríguez (à droite) porte un T-shirt qu'il a peint avec le symbole de la campagne pour la libération des Cinq, avec René González (à gauche) et un autre détenu à la prison de Marianna, en Floride.

les coins du monde. Certains détenus lui disaient : « Écoute, garde-moi les timbres. » En fait, j'en ai conservé pas mal moi-même.

On lui écrivait de Cuba : des gens d'église et même des personnes qui étaient en prison à Cuba. Dans une prison de la province de Granma, quelques détenus ont organisé un groupe de soutien aux Cinq qui comprenait même deux responsables de la prison, un capitaine et un lieutenant.

García : Y avait-il des Cubains à la prison de Marianna qui étaient hostiles envers René ?

Rodríguez : On pourrait dire qu'ils n'étaient pas tant hostiles envers René qu'envers eux-mêmes parce qu'ils disaient des choses en sa présence qui pouvaient blesser ou choquer. Par exemple un jour quelqu'un, je ne me souviens pas qui, a dit : « Ma mère s'est rendue à La Havane pour une chirurgie de la cataracte et elle a dû apporter sa propre serviette et ses draps. »

Moi, comme Pierre dans la Bible qui avançait l'épée à la main, j'étais toujours le premier à parler. « Vraiment ? ai-je dit. Et combien lui a coûté l'opération ? »

Il a répondu : « Il ne manquerait plus qu'ils lui fassent payer quelque chose, déjà qu'elle devait apporter son propre savon. »

« Tu as totalement raison, lui ai-je dit. On a amené mon père à l'Institut Beraja de Miami pour se faire opérer de la cataracte et on n'a pas eu besoin d'apporter ni draps ni serviettes. Mais ils lui ont fait payer 1 200 $ pour chaque oeil. Je me demande combien de caisses pleines de draps on pourrait acheter avec 2 400 $. Qu'est-ce que tu préfères : apporter des draps et une serviette ou payer 2 400 $? »

Là, ils m'ont sorti des horreurs.

García : Quand il y avait ce genre de discussion, que faisait René ?

RODRÍGUEZ : Il riait. Mais ensuite, il commençait par une phrase que j'aimais beaucoup et que j'ai par la suite beaucoup utilisée.

Il me disait : « Écoute, le problème est que tu bases tes discussions sur ce que tu as entendu, pas sur ce que tu as vu. Regarde la réalité, examine l'ensemble du processus et suis-le jusqu'au bout. »

« Pense à une chose. À quels autres pays Cuba peut-il se comparer ? Tout le monde veut comparer Cuba au Nord, » disait-il.

Et c'est vrai. On ne peut pas comparer Cuba en regardant vers le nord. Un jour, j'étais dans un bureau d'immigration et j'y ai vu des Canadiens, des Australiens, des Chinois : ils voulaient tous venir aux États-Unis parce que c'est là que se trouve tout l'argent qui a été siphonné du monde entier. Je n'ai jamais vu une personne en radeau se diriger vers le sud, vers le Guatemala. Ils veulent tous venir ici. Leur but n'est pas de quitter Cuba. C'est de venir ici.

GARCÍA : Parle-nous un peu de ce que vous faisiez, toi et René, pendant votre temps libre.

RODRÍGUEZ : Il n'y avait pas de temps libre. Cela faisait mal à René d'entendre quelqu'un dire : « Je tue le temps. » Il ne tuait jamais le temps. Il s'asseyait sur une chaise, les pieds sur le lit — je ne sais pas comment il pouvait lire comme ça — et il dévorait des livres. Je pensais que j'étais un bon lecteur. Mais quand j'ai vu la façon dont il lisait... et des livres que d'autres trouveraient difficiles.

GARCÍA : As-tu eu l'occasion de connaître la famille de René ?

RODRÍGUEZ : Oui, ça a été une bénédiction de rencontrer sa famille. J'ai connu Irma, la mère de René. Les principes de cette femme sont incroyables. Elle insuffle du courage à tous ceux qui la rencontrent.

J'ai pu rencontrer toute la famille sauf Olguita [l'épouse de René], même si elle et moi nous écrivions beaucoup par courriel quand j'étais en prison. Je continue toujours à correspondre avec elle bien que des restrictions me sont imposées.

GARCÍA : Permets-moi d'expliquer à nos auditeurs. Les conditions de libération surveillée imposées à Roddy et à René en tant qu'anciens prisonniers ne leur permettent pas de communiquer l'un avec l'autre. Mais il n'y a pas de problème à ce que Roddy s'adresse à moi et à nos auditeurs. Lorsque sa famille lui rendait visite, as-tu senti son amour pour René ?

RODRÍGUEZ : Oui et c'était incroyable de le voir avec ses filles, Irmita et Ivette. Mais tu as mis le doigt sur un aspect fondamental de ce que j'appelle ma métamorphose mentale. Ce n'était pas seulement à cause de la famille. C'était de voir aussi comment Cuba tout entier soutenait la cause de René, la cause des Cinq. Cela a eu un impact profond sur moi.

GARCÍA : Comment les gardiens de prison traitaient-ils René ?

RODRÍGUEZ : Je pense que tout le monde le respectait beaucoup. À l'exception d'un agent « emmerdeur », comme on disait, mais il était comme ça avec tout le monde.

Je vais te raconter une histoire. Je peux la raconter maintenant parce que la personne en question n'est plus là. Parmi les gardiens de prison il y avait un lieutenant, un Noir, qui s'est approché de notre table à la cantine. Devant tout le monde, le gardien a serré la main de René et lui a dit : « Nous soutenons votre cause. » Je pense que dans la vie privée, il était musulman. Mais voilà que, vêtu de son uniforme, devant tout le monde, il est venu serrer la main de René.

GARCÍA : Qu'est-ce que René t'a dit vouloir faire, une fois rentré à Cuba ?

RODRÍGUEZ : Eh bien, nous avons convenu d'une chose, c'est d'escalader le mont Turquino [le plus haut sommet de Cuba] lui et moi, en compagnie d'Olguita et Sandra, mon épouse. Sandra ne connait pas Cuba, elle a quitté le pays à l'âge de cinq ans et n'y est pas retournée. Mais nous planifions déjà un voyage et elle a son passeport cubain.

García : Toi non plus, tu n'es pas retourné à Cuba, Roddy.

Rodríguez : Non, malheureusement pas. Mais finalement je vais m'y rendre et une fois là-bas, je ne repartirai plus.

García : Y a-t-il eu des occasions où René semblait triste ou déprimé ?

Rodríguez : Non, jamais. Fâché, oui, à de rares occasions car il ne se mettait pas facilement en colère. Il disait qu'il n'accorderait jamais à ces gens-là le privilège de le voir en colère ou se plaindre.

De ce que j'ai vu de leurs lettres, je suis certain que chacun des Cinq partage ce même principe. Il existe une fraternité totale entre eux. Il y a un dicton selon lequel « la meilleure façon de parler, c'est d'agir » et les Cinq vivent vraiment selon les principes qu'ils préconisent.

García : Est-ce qu'il y avait d'autres non-Cubains qui s'intéressaient au cas de René ?

Rodríguez : Quelques-uns. Beaucoup de gens s'asseyaient avec lui et il leur parlait.

Beaucoup de gens venaient souvent solliciter l'aide de René. Il était toujours prêt à traduire quelque chose en anglais, remplir un formulaire juridique ou aller à la bibliothèque.

García : À un certain moment, avant que René n'obtienne sa libération conditionnelle, tu as été transféré à une autre prison.

Rodríguez : C'est exact. Faire nos adieux a été un grand moment. J'ai beaucoup de frères au sein de l'Église — je suis maintenant enseignant évangéliste et je serai bientôt ordonné pasteur — et je les aime et les apprécie beaucoup. Mais pour moi, une des plus grandes expériences dans ma vie a été de faire la connaissance de René. Je l'ai dit à ma famille, à ma femme, à mes parents qui, c'est certain, ne pensent plus comme ils le faisaient auparavant. Ils ont commencé à comprendre la réalité car la vérité est trop grande pour être cachée.

García : René est à l'écoute de ce programme. As-tu un message que tu voudrais qu'il entende ?

Rodríguez : La seule chose que je voudrais qu'il entende, c'est que je suis toujours la même personne. Il est très présent dans mes prières. Et je le remercie d'avoir été mon ami.

En prison, j'ai connu l'esprit de résistance de Fernando

CARLOS ALBERTO TORRES

L'hommage suivant à Fernando González a été prononcé par Carlos Alberto Torres, combattant de longue date pour l'indépendance de Porto Rico. Torres a passé cinq années avec Fernando González à la prison fédérale d'Oxford dans le Wisconsin. Il a été remis en liberté conditionnelle en juillet 2010, après avoir purgé 30 années d'une peine de 78 ans dans des prisons fédérales pour « conspiration séditieuse » et autres accusations fabriquées de toutes pièces. Il a été l'un des prisonniers politiques le plus longtemps détenu dans le monde.

Torres a prononcé son hommage le 29 octobre 2010 à San Juan, Porto Rico, lors d'une réunion organisée par le Comité portoricain pour la solidarité avec Cuba. La rencontre visait à réclamer la libération de tous les indépendantistes portoricains emprisonnés, ainsi que celle des Cinq Cubains.

■

BONSOIR, chers *compañeros* et *compañeras*,

En 2002, à la prison d'Oxford dans le Wisconsin, alors que je peignais un tableau à l'huile appelé *Résurrection*, un autre détenu m'a informé que l'un des cinq prisonniers politiques cubains était arrivé. Il parlait de Fernando González

Llort, que les autorités pénitentiaires appelaient « Rubén Campa », un pseudonyme que Fernando avait utilisé avant son arrestation.

Après avoir fait sa connaissance et à la suite de brèves conversations avec lui, il m'a dit qu'il ne s'appelait pas Rubén mais Fernando. Il disait, sans aucun signe d'agacement, que les fonctionnaires pénitentiaires le savaient mais ne l'avaient pas corrigé, peut-être par indifférence bureaucratique.

Cela semblait presque amusant que ce Cubain, si réservé et consciencieux, toujours respectueux et correct, se soit montré si peu préoccupé de se faire appeler par un faux nom. Moi aussi, j'ai utilisé un pseudonyme pendant les années où j'étais dans la clandestinité et je me suis souvenu qu'après mon arrestation en 1980, c'était une sorte de soulagement que de pouvoir utiliser mon vrai nom à nouveau.

L'indifférence apparente de Fernando quant au nom à utiliser pour l'appeler est un détail qui illustre un aspect important de sa formation. Les définitions imposées par l'administration pénitentiaire n'avaient pas d'importance pour lui parce qu'elles n'avaient rien à voir avec qui il était. Il a maintenu un mur entre eux et lui. Même dans ces circonstances, la seule chose qui lui importait, c'était comment lui-même se définissait. Lui et moi étions entièrement d'accord sur ce point.

Avec le temps, nous avons appris à nous connaître davantage et à mieux nous comprendre. J'ai appris un peu plus sur l'arrestation des Cinq Cubains. Je ne connaissais pas le détail des accusations portées contre eux ni des peines que le tribunal fédéral avaient imposées à Fernando, Ramón, René, Antonio et Gerardo. Mais il était facile d'imaginer la duplicité et l'injustice que représentait leur emprisonnement. Je ne connaissais pas non plus, mais pouvais les imaginer, les abus et l'isolement dont les cinq patriotes cubains avaient soufferts depuis leur arrestation.

Devant moi, j'avais un homme honnête, engagé et avec une conscience politique bien formée. Un être qui, malgré les difficultés qu'il avait traversées, ne manifestait aucune amertume face à sa situation. Il était fier d'accomplir son devoir pour son pays et sa patrie, Cuba. Je ne doute absolument pas que les cinq héros cubains, défenseurs de la sécurité de leur pays et de leur peuple, soient tous des hommes d'une droiture exceptionnelle et d'un engagement inébranlable. Les Cinq ont subi le châtiment et la rancoeur du gouvernement US envers la révolution cubaine. Jusqu'à ce que je rencontre Fernando, je pensais que ce genre de mauvais traitements n'était réservé qu'aux prisonniers politiques portoricains.

Avec le temps, nous avons pu partager beaucoup. Rares ont été les fois où Fernando ne m'a pas accompagné pour marcher dans la cour de la prison. Ces promenades sont devenues un moment pour parler de tout : souvenirs personnels, chauds débats, plaisanteries qui se terminaient parfois en blagues ou en souvenirs sur nos petites amies de jeunesse.

Pendant les années où nous avons tous les deux été prisonniers dans le Wisconsin, je pense que nous avons appris à nous connaître comme deux individus qui luttaient pour leur patrie et se sacrifiaient pour elle. Il me semble que nous en sommes venus à la conclusion que les luttes pour l'indépendance de nos deux pays étaient des luttes soeurs. Alors que nous, portoricains, nous luttons toujours pour gagner notre indépendance, Cuba se bat pour protéger et préserver la sienne. Un dicton dit que Cuba et Porto Rico sont des pétales d'une même fleur, que Cuba et Porto Rico sont des îles soeurs avec une longue histoire de luttes communes. Là, dans la prison d'Oxford au Wisconsin, ce dicton s'est incarné en nous.

Pendant ce temps, j'ai appris à connaître avec plus de détails le procès injuste qui a maintenu en prison les cinq héros cubains. J'ai aussi appris à mieux connaître le caractère et l'esprit

Les responsables de la prison l'appelaient Rubén Campa, un pseudonyme que Fernando González **(en haut)** a utilisé avant son arrestation. **En bas.** Carlos Alberto Torres (en chemise foncée) arrive à San Juan, Porto Rico, en juillet 2010, après avoir passé 30 années en prison aux États-Unis à cause de ses activités pour l'indépendance de Porto Rico.

« Cela semblait presque amusant que ce Cubain, si réservé et consciencieux, toujours respectueux et correct, se soit montré si peu préoccupé de se faire appeler par un faux nom, » a dit Carlos Alberto Torres, qui a partagé cinq ans avec Fernando González à la prison d'Oxford, dans le Wisconsin. **« Les définitions imposées par l'administration pénitentiaire n'avaient pas d'importance pour lui. La seule chose qui lui importait, c'était comment lui-même se définissait. »**

de résistance à l'injustice de Gerardo, Ramón, Antonio, René et Fernando. Et j'ai pu apprécier la volonté de lutte et l'amour qui caractérisaient les familles des Cinq.

Je dois souligner l'importance du soutien des familles, des amis et des *compañeros* lorsque vous êtes en prison. Cet appui est absolument indispensable. Il nous soutient, il nous donne de la force lorsque nous sentons le poids de l'emprisonnement. L'amour et l'engagement de nos proches nous aident à remettre les choses en perspective quand les conditions carcérales nous perturbent au point de nous distraire. Il n'y a pas de mots qui décrivent toute l'importance des visites et des contacts avec nos proches.

Nos geôliers le savent aussi. Pour eux, les contacts avec nos familles et leurs visites peuvent devenir des armes à utiliser contre nous. Pour les prisonniers politiques portoricains, et plus tard pour les cinq prisonniers politiques cubains également, la tactique des geôliers pour nous attaquer a été de s'immiscer dans nos contacts avec nos proches ou leurs visites, ou de les refuser. Ils les harcèlent ou interdisent les visites. Nous ne devrions donc pas être surpris de voir que dans le cas d'Oscar et d'Avelino comme dans celui de Gerardo, Ramón, René, Antonio et Fernando, la tactique consistant à interférer dans le contact avec les familles devienne une matraque pour essayer de les briser [*].

Malgré les nombreuses restrictions et limitations, j'ai eu l'honneur et le plaisir de rencontrer la mère et l'épouse de Fernando. Ce sont des êtres doux, des travailleuses infatigables et dévouées. Non seulement font-elles tout ce qu'elles peuvent

---

[*] Oscar López a passé plus de 32 ans derrière les barreaux aux États-Unis à cause de ses actions pour l'indépendance de Porto Rico contre la domination coloniale US. Avelino González Claudio est un autre combattant indépendantiste, arrêté en 2010 et libéré en 2013.

pour que Fernando et ses *compañeros* reviennent chez eux, mais ce sont aussi des combattantes qui défendent leur peuple avec un grand sens de responsabilité et d'engagement. Je n'ai pas rencontré en personne les parents des autres prisonniers politiques cubains. Mais je sais qu'eux aussi se battent pour eux et les soutiennent, peu importe les restrictions que leurs geôliers leur imposent. Ce même sentiment d'amour familial est quelque chose dont nos patriotes Oscar et Avelino ont également bénéficié.

Aujourd'hui, Cuba et Porto Rico continuent tous deux d'avoir des patriotes incarcérés dans des prisons fédérales aux États-Unis. Nous avons en commun un même ennemi, un même geôlier. Le même zombi, pour utiliser un terme haïtien, qui veut enterrer vivants Oscar et Avelino dans les profondeurs carcérales, essaie aussi d'enterrer Fernando, Gerardo, Ramón, Antonio et René.

Dans cette bataille pour gagner la liberté de nos patriotes — qui sera comme une renaissance, une résurrection pour eux lorsqu'ils reviendront chez eux — les deux peuples peuvent se soutenir mutuellement et lutter en solidarité jusqu'à ce qu'Oscar et Avelino reviennent chez nous et que Fernando, René, Gerardo, Ramón et Antonio retournent chez eux.

JACOB PERASSO/THE MILITANT

« Lorsqu'on est en prison, le soutien des familles, des amis et des compañeros est absolument essentiel. Il nous maintient et nous donne de la force, a dit Carlos Alberto Torres. En prison, j'ai appris à connaître non seulement l'esprit de résistance à l'injustice des Cinq. J'ai pu apprécier la volonté de lutte et l'amour qui caractérisaient leurs familles. »

René González et des parents des Cinq Cubains s'adressent en novembre 2013 à 300 participants lors du Colloque international pour la libération des Cinq Cubains tenu à Holguín, Cuba. Assis à partir de la droite : Ailí Labañino, fille de Ramón Labañino ; Irma González, fille de René González ; Yadira Pérez (au micro), nièce de Gerardo Hernández ; Laura Labañino, fille de Ramón ; Mirta Rodríguez, mère d'Antonio Guerrero ; Irma Sehwerert, mère de René ; Magali Llort, mère de Fernando González ; René ; Olga Salanueva, épouse de René ; Isabel Hernández, soeur de Gerardo ; et Kenia Serrano (modératrice), présidente de l'Institut cubain d'amitié avec les peuples.

Comment nous sommes sortis du « trou »

RAMÓN LABAÑINO

Ce compte rendu de Ramón Labañino a été inspiré par les 15 aquarelles d'Antonio Guerrero, « Je mourrai comme j'ai vécu, » qui décrivent les mois pendant lesquels les Cinq Cubains ont été incarcérés dans des cellules disciplinaires au Centre de détention fédéral de Miami après leur arrestation, le 12 septembre 1998. Il est paru le 11 septembre 2013 dans *CubaDebate*, un magazine en ligne basé à La Havane.

■

Nous avons passé 17 mois au douzième étage du Centre de détention fédéral de Miami. Mais ce n'était pas du temps passé à ne rien faire.

Dès les premiers jours, nous avons commencé à chercher des moyens de sortir de nos cellules pour la récréation (une heure par jour). Plus tard, nous avons appris qu'il y avait une bibliothèque juridique que les prisonniers pouvaient fréquenter, à condition de déposer une demande écrite en utilisant le formulaire BP-8 (aussi connu comme une « échappatoire »). C'est Tony qui a appris l'existence de la bibliothèque et a été le premier à soumettre une requête pour s'y rendre. Après plusieurs refus — et l'attitude toujours imprévisible des geôliers (qui faisaient les sourds, muets et aveugles ou même déchiraient l'échappatoire sous nos yeux) — Tony a été autorisé à la fréquenter. Ensuite, il nous a donné son analyse des accusations portées contre chacun d'entre nous, les peines possibles, etc. Par la suite, nous avons tous commencé à fréquenter la bibliothèque.

C'est ainsi que nous avons appris que nous pouvions chercher à remédier à la violation de nos droits en empruntant les voies internes de la prison et en utilisant ces fameuses échappatoires. Tout commence avec le formulaire BP-8 (envoyé au chef d'une unité, dans notre cas, le trou), ensuite le BP-9 (au directeur de la prison), le BP-10 (au bureau régional des prisons) et puis le BP-11 (au Bureau fédéral des prisons). Une fois toutes ces instances épuisées, il est possible de déposer une plainte contre l'institution. Chaque instance a un délai maximum pour répondre — entre 15 jours et un mois.

Profitant de l'heure de récréation quotidienne, nous nous sommes réunis tous les cinq et avons décidé de commencer à remplir les échappatoires en double, avec les dates, les requêtes, etc., et de noter la réponse que nous recevions de chaque instance. Sur chaque formulaire, nous avons demandé à être intégrés dans la population carcérale générale car il n'y avait aucune raison de nous garder dans le trou. Nous avons soutenu que c'était une violation de nos droits légaux, constitutionnels et humains.

C'est ainsi que chacun de nous a entamé le long chemin pour tenter de sortir du trou.

Dans certains cas, comme je l'ai dit, les gardiens déchiraient les échappatoires sous nos yeux. Mais comme nous les faisions toutes en double, nous écrivions un commentaire détaillé sur le double : « L'agent Smith a déchiré ce document sous nos yeux, tel jour, à telle heure, dans la salle unetelle du douzième étage, » puis on le signait. La plupart des réponses qui nous sont revenues disaient que nous étions détenus là pour des « raisons de sécurité, » et c'était tout.

Nous avons continué à escalader les échelons jusqu'à atteindre le BP-10 et le BP-11. Chacun de nous a accumulé une montagne de requêtes accompagnées de toutes les réponses, rejets, formulaires déchirés, etc.

Une fois épuisées les demandes internes, nous avons confié le tout aux avocats qui ont ensuite déposé une plainte auprès d'un juge en demandant qu'on nous sorte du trou. La plainte était accompagnée d'une citation à comparaître pour chaque gardien qui avait déchiré nos documents, chaque officier qui avait eu à traiter avec nous, les conseillers, les chefs d'unité, le lieutenant en charge du trou et même le directeur.

Je me souviens que le vendredi précédant le lundi où les procédures judiciaires devaient débuter, nous discutions tous les cinq dans la zone de récréation. Je crois que c'était le matin. Un gardien s'est approché de moi et m'a demandé de venir avec lui pour parler au lieutenant responsable du trou.

On m'a amené, menotté, à lui. Il m'a dit avoir parlé au directeur de notre requête et voulait savoir exactement ce que nous voulions. L'officier a précisé que « pour des raisons de sécurité, » il n'avait aucune intention de nous intégrer dans la population carcérale générale, sous aucun prétexte.

Je lui ai dit que nous voulions être intégrés à la population générale car nous détenir au trou violait nos droits légaux, constitutionnels et humains. C'est tout ce que nous demandions et nous allions continuer à poursuivre notre requête jusqu'à la fin. Les raisons de sécurité sont juste un prétexte, ai-je soutenu. J'ai ajouté que le trou était censé être utilisé dans le cas où quelqu'un enfreint un règlement de la prison et que le séjour maximum légal en était de soixante jours. De plus, nous nous préparions pour notre procès — les cinq,

« Après plusieurs mois en « isolement » (chacun dans sa cellule), nous avons enfin été autorisés à avoir un autre d'entre nous comme compagnon de cellule, a écrit Gerardo Hernández. De toute évidence, c'était un grand soulagement de pouvoir partager sa cellule avec quelqu'un d'autre. Mais après plusieurs jours — 23 heures en cellule et une heure dans la « cage » de récréation — il nous fallait trouver un moyen de passer le temps. C'est alors qu'il nous est venu l'idée que peut-être nous pourrions fabriquer des dés. »

Le jeu de cubilete, une des 15 aquarelles peintes par Antonio Guerrero qui illustrent les 17 mois passés par les Cinq dans le « trou » au Centre de détention fédéral de Miami, après leur arrestation en septembre 1998.

tous ensemble — et cette situation ne nous permettait pas une préparation juridique adéquate.

Le lieutenant a répondu qu'il n'accepterait pas notre requête. Alors, ai-je dit, nous n'avions plus rien à nous dire. Je le verrais au tribunal lundi. Je me suis levé et suis parti.

On m'a ramené auprès de mes frères dans le secteur de la récréation. Là, je leur ai rapporté la conversation. Moins de cinq minutes plus tard, le garde est revenu pour me ramener de nouveau devant le lieutenant. Cette fois, son approche était « plus douce. » Il m'a dit qu'ils avaient discuté de la question et qu'ils avaient accepté de nous intégrer à la population générale le jour-même, mais à des étages différents.

Je lui ai dit que je n'étais pas d'accord. Nous devions tous être au même étage puisque nous nous préparions à un procès important et complexe. Nous n'accepterions rien d'autre. Sinon, nous irions au tribunal lundi.

Il a fait un appel téléphonique et m'a ensuite expliqué que c'était bien — nous irions tous au septième étage ouest (si je me souviens bien.) Je voulais pousser la chose plus loin et lui ai demandé que nous soyons placés deux par cellule et le cinquième, seul dans une cellule.

« Ça, certainement pas, » a-t-il dit. « Ne me poussez pas plus loin. Soulevez ça avec l'officier responsable de l'unité. »

J'étais d'accord.

Il a dit de nous préparer, qu'ils nous déplaceraient sous peu au sein de la population générale.

Je suis retourné auprès de mes *compañeros* et leur ai décrit la conversation. Nous étions très heureux de finalement sortir de ce coin immonde, le trou.

Voilà comment ça s'est passé. Au début de l'an 2000, au bout de 17 mois, nous avons finalement pu intégrer la population carcérale générale du Centre de détention fédéral de Miami.

Fier de connaître quelqu'un comme Ramón

SECUNDINO PÉREZ

Secundino Pérez a connu Ramón Labañino lorsque qu'ils étaient tous deux emprisonnés au Centre de détention fédéral de Miami en 2009. Le récit qui suit est tiré d'un article de John Studer paru dans l'édition du 23 décembre 2013 de l'hebdomadaire *El Militante*.

■

AVOIR CONNU LE RÉVOLUTIONNAIRE cubain Ramón Labañino lorsqu'il était dans une prison fédérale de Miami a eu un grand impact sur Secundino Pérez.

« Ramón est une personne qui a beaucoup de principes et de valeurs, » a dit Pérez au cours d'une entrevue dans le cadre d'une populaire émission de radio à Miami. « C'est quelqu'un qui vous rend fier de le connaître. »

Interviewé en janvier 2013 à l'émission *La tarde se mueve* diffusée sur les ondes de Radio Progreso, Secundino Pérez a raconté à l'animateur Edmundo García son amitié avec Ramón Labañino pendant les six mois où ils ont tous les deux été dans la même unité du Centre de détention fédéral, de la fin de 2009 au début de 2010. À l'époque, Labañino attendait une audience devant un tribunal fédéral pour une révision de sentence. Pérez a depuis été libéré sous condition.

« Au début, j'étais un peu mal à l'aise à l'idée de l'approcher, » a dit Pérez. Il n'avait entendu que de la propagande tronquée sur les Cinq Cubains dans les médias locaux, qui les traitaient faussement d'« espions cubains. » Mais quand il a appris à connaître Labañino, « j'ai vu le genre de personne qu'il est. Nous sommes devenus de bons amis, sur la base du respect mutuel des principes de chacun. »

Dans ses conversations avec les prisonniers, « il ne te disait pas : « voilà comment sont les choses. » Il essayait de te faire comprendre les choses pour que tu te rendes compte de la réalité des choses, » a expliqué Pérez, un médecin arrivé aux États-Unis il y a 14 ans de la province de Pinar del Río à Cuba.

Dans le monde carcéral, il y a des individus qui imposent le « respect par la peur, » a dit Pérez. Labañino s'est gagné un autre type de respect, celui « qui vient du coeur. »

« Il a toujours respecté les idées et les convictions de chacun, » a dit Pérez. Et tout le monde le respectait, « même les gardiens. »

S'il voyait qu'un codétenu ne se sentait pas bien, Labañino « était le premier à aller le voir et essayer de lui remonter le moral. Il ne se souciait pas de sa nationalité, qu'il soit cubain, nicaraguayen ou quoi que ce soit d'autre. Il te demandait quel était ton problème et, s'il pouvait faire quelque chose, il le faisait avec plaisir. Ça, c'est Ramón. »

Ramón lui conseillait toujours : « Essaie de t'occuper l'esprit avec quelque chose de productif. Tant que nous sommes ici, occupe-toi avec quelque chose de productif comme jouer aux échecs, lire un bon livre, faire un bon repas. » Les prisonniers, a expliqué Pérez, étaient autorisés à acheter de la nourriture — des fruits, des légumes, de la viande — et à se préparer un repas en utilisant le micro-onde.

Labañino, a-t-il ajouté, lisait beaucoup, prêtait des livres à ses compagnons, se tenait au courant de l'actualité et recevait beaucoup de messages de soutien et de courrier.

Ramón était « très au fait de tout ce qui se passait à Cuba, dont il a une grande compréhension. Sur toute question relative à Cuba, n'importe quel problème, on s'asseyait et on parlait. Il ne cherchait pas à te convaincre : nous parlions et nous en arrivions à une certaine compréhension. »

« Nous suivions les nouvelles, » a ajouté Pérez. Ils écoutaient Radio Progreso, ainsi que des émissions radiodiffusées de Cuba. Ils utilisaient de petites radios à piles. « Nous avons dû faire preuve de créativité. Il fallait se coller au mur » pour capter un signal.

Quand ils ont discuté du coup monté par le gouvernement US contre les Cinq Cubains, a dit Pérez, Labañino lui a « donné la documentation du procès pour que je puisse la lire, pour que ce ne soit pas seulement ce qu'il me disait mais pour que je puisse voir la réalité. »

Beaucoup de codétenus du Centre de détention fédéral ont été convaincus que les Cinq « avaient été injustement emprisonnés. » En infiltrant des groupes paramilitaires cubano-américains en Floride, a-t-il expliqué, « ils veillaient sur le peuple cubain, pour prévenir le terrorisme à Cuba. Le procès n'a jamais prouvé autre chose. »

Pérez a souligné le comportement plein d'abnégation des Cinq, comme se séparer de leur famille sans même pouvoir leur dire ce qu'ils faisaient jusqu'après leur arrestation et ensuite recevoir de longues peines de prison. « Les Cubains se sentent redevables vis-à-vis d'eux tellement leur action était bonne, remplie d'amour et parce qu'ils ont dû renoncer à tellement de choses pour prendre soin de nous, là-bas, sur l'île. »

« Ramón est un grand gaillard, » a noté Pérez. On l'appelait affectueusement « l'ours » et c'était un athlète dans sa jeunesse. Mais les années de prison laissent leur empreinte. « Il a eu de petits problèmes de santé, notamment avec ses genoux, mais il fait toujours beaucoup d'exercices. » Labañino souffre maintenant d'arthrite, ce qui le gêne pour marcher.

Secundino Pérez a raconté qu'il a vu une fois Elizabeth Palmeiro, l'épouse de Labañino, lorsqu'elle est venue lui rendre visite à la prison de Miami. « Ma famille a rencontré sa famille à Cuba et ils ont noué une amitié qui dure toujours. Elizabeth a continué sa lutte à partir de Cuba, y compris pour que ses trois filles voient que leur père est présent spirituellement bien qu'il leur manque physiquement. C'est très important et elle a fait cela très bien et avec beaucoup de courage. Le soutien de la famille est important pour celui qui est en prison. »

Ramón Labañino, Antonio Guerrero et Fernando González ont été transférés au Centre de détention fédéral de Miami en septembre 2009, après qu'une cour d'appel fédérale a ordonné la tenue de nouvelles audiences pour réviser leurs peines de prison parce que celles-ci outrepassaient les règles fédérales. Les autorités américaines espéraient ainsi, selon les propres mots de la procureure fédérale Caroline Heck Miller, calmer la « controverse » et le « bruit » suscités par la campagne internationale pour la libération des Cinq Cubains. Lors d'une audience le 8 décembre 2009, la peine de prison à vie de Ramón Labañino sous les accusations fabriquées de « complot visant à recueillir et transmettre à un gouvernement étranger des informations relatives à la défense nationale » a été réduite à 30 ans.

« Je me souviens qu'il se sentait un peu mal ce soir-là, a dit Pérez. Mais c'est quelqu'un qui rebondit, qui ne se laisse pas décourager, et le lendemain il semblait plus à l'aise. Il m'a dit : « Ce combat n'est pas fini, nous devons continuer la lutte. »

Pérez a dit avoir été avant tout frappé par le fait que Ramón « ne se préoccupait pas de lui-même. Il pensait qu'il fallait continuer la lutte pour Gerardo. »

Dans le monde carcéral, a dit Secundino Pérez, il y a des individus qui imposent le « respect par la peur. » Ramón Labañino impose un autre type de respect, celui « qui vient du coeur. »

Ramón Labañino (à gauche) avec des codétenus au pénitencier fédéral McCreary dans le Kentucky en 2009. « J'ai appris de Ramón qu'on peut faire des erreurs dans la vie, a dit Pérez, mais qu'on ne peut pas vivre dans le mensonge. Quand on vit dans la vérité, on ne connaît pas la peur. Et ça, c'est Ramón. »

Gerardo Hernández est celui des Cinq qui a été condamné à la peine la plus sévère : double peine de prison à perpétuité plus 15 ans. Même si les peines de prison à perpétuité sous les accusations de complot pour commettre de l'espionnage ont été réduites dans le cas Ramón Labañino et d'Antonio Guerrero, la sentence de Gerardo Hernández est restée la même parce que le tribunal a jugé que ça « ne changerait rien au temps qu'il allait passer en prison. »

La seconde peine de prison à perpétuité imposée à Gerardo Hernández l'a été pour « complot en vue de commettre un meurtre, » basée sur la fausse allégation que Gerardo Hernández serait en partie responsable de la destruction par le gouvernement cubain de deux avions hostiles qui avaient pénétré dans l'espace aérien cubain en 1996 et ignoré les avertissements répétés de La Havane. Les avions étaient pilotés par des membres du groupe contre-révolutionnaire Frères à la rescousse, dans le cadre de provocations croissantes visant à entraîner une confrontation entre La Havane et Washington.

Lorsqu'on lui a demandé comment il avait été influencé par Ramón Labañino, Secundino Pérez a répondu : « J'ai appris qu'on peut faire des erreurs dans la vie mais qu'on ne peut pas vivre dans le mensonge. Quand on vit dans la vérité, on ne connaît pas la peur. Et ça, c'est Ramón. »

Lorsque Ramón Labañino était sur le point d'être transféré dans une autre prison, Secundino Pérez lui a dit : « Je vais sortir de prison avant toi et je serai toujours là, quel que soit le besoin. »

L'animateur Edmundo García était parmi les partisans des Cinq Cubains qui ont assisté aux audiences de 2009. « Tu as vu Ramón en prison et moi, je l'ai vu dans la salle d'audience, » a-t-il dit à la fin de l'émission. « Et il y a des choses que personnellement je n'oublierai jamais. »

Ramón, a-t-il dit à Pérez, « est entré menotté dans la salle d'audience, avec ses mains en l'air. Il s'est tourné vers les personnes qui, savait-il, étaient engagées dans la lutte pour la libération des Cinq pour les raisons que vous avez expliquées. Il a levé ses mains menottées en faisant le signe de la victoire. Ça a été très émouvant pour moi. »

Edmundo García a remercié Secundino Pérez « pour ce témoignage sur les qualités humaines de Ramón Labañino. » Il a terminé en disant : « Ce sont ces mêmes qualités humaines que les Cinq possèdent tous parce que précisément, ils sont fait du même bois. »

Ils offraient « ce que tu veux » pour que je trahisse

GERARDO HERNÁNDEZ

L'extrait suivant d'une entrevue accordée par Gerardo Hernández au cinéaste Saul Landau le 1er avril 2009 a paru dans le magazine en ligne *Progreso Semanal* [Progrès hebdomadaire] basé à Miami. Il a été publié dans le numéro du 15 juin 2009 d'*El Militante*.

■

Saul Landau : Peux-tu me décrire en détail ce qui s'est passé le jour où le FBI t'a arrêté ?

Gerardo Hernández : Bon, c'était un samedi [le 12 septembre 1998]. Je dormais. Il était environ 6 heures du matin. Je vivais dans un petit appartement d'une pièce. Mon lit était assez près de la porte car l'appartement était petit. Je me souviens d'avoir entendu dans mon sommeil quelqu'un en train de forcer la serrure. J'ai à peine eu le temps de réagir que j'ai entendu un bruit fort lorsqu'ils ont défoncé la porte. C'était une équipe d'intervention tactique (SWAT). Ils ne m'ont même pas donné le temps de m'asseoir sur le lit.

J'étais entouré de gens avec des mitrailleuses et des casques comme on le voit dans les films. Ils m'ont arrêté, m'ont soulevé du lit, menotté et ont inspecté ma bouche. Je suppose qu'ils avaient vu beaucoup de films de James Bond et pensaient que je pourrais avoir du cyanure dans la bouche. Ils ont donc vérifié pour s'assurer que je n'allais pas m'empoisonner. J'ai demandé pourquoi j'étais arrêté et ils m'ont dit : « Tu sais pourquoi. »

Ils m'ont mis dans une voiture et emmené au quartier général du FBI dans le sud de la Floride, sur la 163e Avenue à Miami. Là, l'interrogatoire a commencé. Mais l'arrestation s'est déroulée de la façon que j'ai décrite.

LANDAU : Ils t'ont mis dans la « boîte » ?

HERNÁNDEZ : Au siège du FBI, on nous a chacun mis pendant un moment dans un bureau séparé. Ils m'ont fait asseoir dans un bureau, m'ont menotté au mur et m'ont interrogé.

J'ai eu « l'honneur » de recevoir la visite d'Héctor Pesquera. Il était le directeur du FBI pour le sud de la Floride et il était portoricain. Mon identité d'emprunt, Manuel Viramontes, était aussi portoricaine. Je lui ai dit que j'étais de Porto Rico. Il a alors commencé à me poser des questions sur Porto Rico. Toutes sortes de questions. Qui était le gouverneur cette année-là ? Où as-tu vécu ? Quel autobus prenais-tu pour aller à l'école ? Où est-ce que tu le prenais ?

Quand il a vu que j'étais en mesure de lui répondre, il s'est fâché. Il a frappé la table de son poing et dit : « Je sais que tu es cubain et que tu vas pourrir en prison parce Cuba ne va rien faire pour toi. »

Ensuite, pas lui en particulier mais d'autres qui ont participé à l'interrogatoire ont commencé à me faire toutes sortes d'offres. Ils m'ont dit : « Tu sais comment ça marche. Tu sais que tu es un agent illégal et en théorie Cuba ne va pas admettre qu'ils t'ont envoyé ici avec un faux passeport. Cuba ne pourra pas le faire et alors tu pourriras en prison. La meilleure chose que tu puisses faire est de coopérer avec nous et on t'offrira ce que tu voudras. On changera ton identité, on te donnera des comptes en banque. »

Tout ce que je voulais pour que je trahisse.

Ils m'ont dit : « Voilà le téléphone. Appelle ton consul. » Toutes sortes de stratégies pour me faire trahir. Cela s'est passé pour chacun des Cinq, chacun séparément. Plus tard, ils nous ont emmenés à la prison, le Centre de détention fédéral à Miami, et nous ont mis dans ce qu'on appelle le « trou ».

LANDAU : Pendant combien de temps ?

HERNÁNDEZ : Dix-sept mois. Les cinq premiers mois ont été difficiles pour les Cinq, bien sûr. Ceux d'entre nous qui avaient de fausses identités n'avaient personne à qui écrire, personne pour nous écrire, ni personne à qui téléphoner. De temps en temps, c'était notre tour de téléphoner. Les gardiens ouvraient la petite lucarne dans la porte et nous tendaient un téléphone. « Tu n'appelles personne ? Ta famille à Porto Rico ? »

« Non, disais-je, je n'appelle personne. »

« Mais pourquoi tu n'appelles pas ? » disaient-ils pour m'embêter, parce qu'ils savaient que je n'étais pas portoricain et ne me servirais pas du téléphone. C'était des mois difficiles.

LANDAU : Peux-tu décrire le « trou » ?

HERNÁNDEZ : C'est un secteur que possède toute prison pour discipliner des prisonniers ou à des fins de protection si ceux-ci ne peuvent pas être avec le reste de la population carcérale. À Miami, c'était un étage, le douzième. Les cellules sont pour deux personnes, mais il y en a qui y sont seuls.

Pendant les six premiers mois, nous étions seuls, chacun dans une cellule individuelle — sans aucun contact. Plus tard, nos avocats ont pris des mesures légales pour nous permettre de nous rencontrer par deux. Mais les six premiers mois nous étions à l'« isolement », avec une petite douche à l'intérieur de la cellule pour nous laver quand on voulait. Mais alors, tu mouilles tout dans la cellule quand tu te laves.

Tu passes 23 heures par jour dans ta cellule. Et il y a une heure par jour de récréation, quand ils te sortent de la cellule pour t'emmener à un autre endroit. À Miami, c'était juste une autre cellule mais un peu plus grande, avec un grillage d'où on pouvait entrevoir un petit bout du ciel. Tu pouvais dire si c'était le jour ou la nuit et l'air frais entrait. C'est ce qu'ils appelaient la « récréation ». Mais souvent, nous n'y allions pas parce ça prenait trop de temps pour te passer les menottes, te fouiller, fouiller ta cellule, t'y amener et te ramener. Parfois, nous nous retrouvions tous ensemble dans la même cellule et nous pouvions parler.

Le régime était très strict. Il sert à punir les prisonniers pour une infraction grave. Nous étions à l'intérieur de ces quatre petits murs 23, parfois 24 heures par jour, en n'ayant rien à faire. C'est très difficile d'un point de vue humain. Et beaucoup de gens ne pouvaient le supporter. Tu les voyais perdre la tête et pousser des cris.

LANDAU : Avais-tu fait quelque chose de mal ?

HERNÁNDEZ : Non, nous avons été envoyés là dès le début. Ils nous ont dit que c'était pour nous protéger du reste de la population. Mais à mon avis, c'était lié à leur effort pour nous faire changer de « bord » et trahir.

Après que la peur et l'intimidation n'ont produit aucun résultat, ils ont pensé : « Eh bien, mettons-les quelques mois en isolement et nous verrons s'ils changent d'avis. »

La seule chose que nous pouvions lire était la Bible et il fallait présenter une demande écrite à l'aumônier. J'en ai fait la demande. Pour avoir quelque chose à lire, j'ai demandé une Bible.

Quand ils me l'ont apportée — je ne sais pas si c'était un gros hasard ou quoi — il y avait quelques cartes de visite à l'intérieur, dont certaines avec les numéros de téléphone du FBI. Au cas où je l'aurais oublié, n'est-ce pas ? Comme pour dire : « Bon, si ce gars qui est communiste demande la Bible [...] c'est qu'il est sur le point de virer de bord. » J'imagine qu'ils pensaient de cette façon-là, étant donné leurs schémas et leurs préjugés.

Hommage à Nelson Mandela

GERARDO HERNÁNDEZ

Le message qui suit a été écrit par Gerardo Hernández lorsqu'il a appris le décès de Nelson Mandela, dirigeant de la lutte révolutionnaire qui a renversé le régime suprématiste blanc en Afrique du Sud. En février 1990, après avoir gardé Nelson Mandela derrière les barreaux pendant plus de 27 ans, le régime chancelant de l'apartheid a été contraint de le libérer. En juin de la même année, bien que figurant sur la « liste des terroristes » de Washington (jusqu'en 2008), il s'est rendu dans huit villes des États-Unis au cours d'une visite de douze jours. À Miami, les responsables municipaux ont refusé d'accueillir Mandela, le dénonçant pour sa solidarité avec Cuba et la révolution cubaine.

∎

Ceux qui consacrent des ressources illimitées à effacer et réécrire l'histoire, et qui l'avaient inscrit sur leur liste de « terroristes dangereux, » devront aujourd'hui souffrir d'amnésie collective.

Ceux qui l'ont offensé en refusant de lui rendre hommage à Miami parce qu'il avait embrassé Fidel et remercié Cuba pour son aide à l'Afrique devront aujourd'hui se taire dans la honte.

LIBORIO NOVAL/GRANMA

« J'étais en prison, a dit Nelson Mandela, quand j'ai entendu parler pour la première fois de l'aide massive que les forces internationalistes cubaines apportaient au peuple d'Angola, d'une ampleur qui était difficile à croire. Pour le peuple cubain, l'internationalisme n'est pas un simple mot, mais quelque chose que nous avons vu mettre en pratique pour le bien de grands secteurs de l'humanité. »

Ci-dessus. Nelson Mandela et Fidel Castro à Matanzas, Cuba, où ils se sont adressés à des dizaines de milliers de personnes le 26 juillet 1991. Mandela a remercié le peuple cubain pour sa contribution à la lutte de libération en Afrique australe. Gerardo Hernández, René González et Fernando González ont chacun servi comme combattants volontaires en Angola.

Les Cinq continueront de faire face chaque jour à l'emprisonnement injuste, jusqu'à la fin, inspirés par son exemple de loyauté et de résistance.

Gloire éternelle au grand Nelson Mandela !

Prison fédérale de Victorville, Californie
5 décembre 2013

La torture de Campos

GERARDO HERNÁNDEZ

Le souvenir suivant des jours passés au « trou » a été stimulé par les 15 aquarelles d'Antonio Guerrero, « *Je mourrai comme j'ai vécu.* » Celles-ci évoquent les mois où les Cinq Cubains sont restés enfermés dans des cellules disciplinaires au Centre de détention fédéral de Miami après leur arrestation, le 12 septembre 1998. Cet article est paru le 11 septembre 2013 dans *CubaDebate*, un magazine en ligne basé à La Havane.

■

La seule chose que nous savions de lui était son nom de famille, qui n'était pas Campos, mais je préfère ne pas révéler son vrai nom.

Bien qu'il ne parlait pas beaucoup, il disait qu'il était cubain et qu'il était arrivé au moment de Mariel en 1980. La première fois que nous l'avons vu, ils l'avaient mis dans une cellule en face de la nôtre au « trou ». Quelque chose dans son apparence le trahissait, mais nous nous sommes seulement aperçus de ses sérieux problèmes mentaux lorsqu'il nous a demandé un magazine. Nous avons lancé la ligne sous notre porte pour la faire glisser sous la sienne avec le magazine attaché à son extrémité. Dès que Campos l'a ramassé, là, debout devant la porte de sa cellule, il a commencé à arracher les pages et à les manger.

Nous pouvions à peine croire ce que nous venions de voir mais cette même nuit, il était devenu évident que sa démence n'était pas feinte. Des bruits secs, comme des coups de marteau, nous empêchaient de dormir.

Ceux qui le connaissaient déjà lui criaient de leurs cellules :

« Campos, s'il te plaît ! »

Et le ton des insultes montaient à mesure que l'exaspération grandissait. Plus tard, nous avons découvert la source du bruit assourdissant. Campos — qu'ils maintenaient bien sûr toujours seul dans une cellule — s'allongeait sur la couchette du bas et donnait sans cesse des coups de pied dans la plaque métallique de la couchette du dessus.

Cela m'a rappelé quand, enfant, je faisais la même chose avec les couvercles des vieilles boîtes de biscuits, sauf que le vacarme du lit de Campos résonnait à travers toute cette aile du douzième étage. Nuit après nuit, c'était devenu une véritable torture psychologique. Parfois, il semblait que le bruit était sur le point de cesser, que Campos s'était fatigué, que nous allions enfin pouvoir dormir... quand tout d'un coup, il recommençait et continuait jusqu'à l'aube.

Pendant la journée, on sentait à peine que Campos était là, c'était à ce moment-là qu'il dormait. Quand on s'en rendait compte, certains d'entre nous essayaient de faire du bruit à chaque occasion en faisant claquer les portes en acier des cellules, pensant que si nous l'empêchions de dormir, peut-être dormirait-il la nuit. (Pour dire jusqu'à quel point nous étions désespérés !) Mais c'était inutile. Rien ne pouvait changer les habitudes nocturnes de Campos.

Nous n'avons jamais su s'il prenait vraiment les pilules qu'ils lui donnaient. Peut-être que c'était les médicaments qui le faisaient dormir quelques heures. À plusieurs occasions, les quelques fois où nous l'avons vu éveillé pendant la journée, il couvrait méticuleusement d'excréments les murs de sa cellule, la porte et l'étroite lucarne par laquelle les gardes nous surveillaient. Incapables de regarder à l'intérieur, les gardes appelaient la brigade anti-émeute — les Tortues Ninja, comme certains les appelaient à cause de leur équipement — qui ouvrait la porte et sortait Campos de force.

Comme la torture de Campos pendant plusieurs nuits consécutives était devenue insupportable, certains détenus ont commencé à se plaindre, y compris par écrit, jusqu'à ce qu'il soit déplacé dans l'aile opposée du douzième étage. Après plusieurs jours de souffrance et lorsque les plaintes recommençaient, les gardes le déplaçaient à nouveau. Le transférer alternativement d'une aile à l'autre (est et ouest), c'était la solution que les geôliers avaient trouvée pour répartir la torture entre nous tous.

Campos a été le premier Cubain que nous avons rencontré en prison souffrant d'une maladie mentale qui, de façon évidente, nécessitait un meilleur traitement. Malheureusement, il ne serait pas le dernier.

Depuis le trou

ANTONIO GUERRERO

Le 13 octobre 2009, suite à une décision de la cour d'appel, la peine de prison à vie sans libération conditionnelle d'Antonio Guerrero a été réduite à 21 ans et 10 mois. Alors qu'il attendait l'audience où il recevrait cette nouvelle sentence, il a été de nouveau placé dans le Centre de détention fédéral de Miami où les Cinq avaient été emprisonnés pendant plus de trois ans après leur arrestation en septembre 1998. C'est de cet endroit qu'il a écrit ce poème.

I

Miami devant mes yeux. Je me tiens éveillé.
Un décasyllabe obstiné rebondit
entre la lucidité d'un gratte-ciel
et la tragédie de la douche cassée.

Par la fenêtre je regarde le soleil naissant
incendier les cristaux réfringents,
dans toutes les directions marchent les gens
avec lesquels je crée un monde imaginaire.

Les paquebots de la Royal Caribbean,
le McDonald's, l'école, les banques,

« Ils l'appellent ainsi : le downtown de Miami/une masse de fer, de béton armé et de verre. »

Le deuxième trou d'Antonio Guerrero, représentant le Centre de détention fédéral, le palais de justice et les environs. « Au milieu de tout ça, une petite pièce avec une porte peinte en noir, a écrit Antonio. C'est là que « les preuves » étaient conservées. On peut compter sur les doigts d'une main les fois où nous y sommes allés, individuellement, chacun avec son avocat. »

le sans-abri qui fouille dans la poubelle,
la vendeuse sous son parasol,
ils sont encore là et moi je les regarde de nouveau
   depuis le « trou »,
c'est-à-dire « depuis ma hauteur. »

II

On l'appelle ainsi : le downtown de Miami,
masse de fer, de béton armé et de verre.
Le jour, une véritable fourmilière.
La nuit, un endroit renfrogné et vide.

Symboles du pouvoir et de l'opulence :
ses immeubles toujours plus hauts,
banques qui brassent des milliards,
résidences avec de rares locataires.

Dans l'urbanisation cosmétique
il y a des parkings pour d'innombrables voitures.
Et je ne sais comment le dire en vers
mais ce qui attire le plus mon attention
c'est que les transports en commun
sont surtout utilisés par les Noirs.

III

Encore une fois la salopette orange.
Encore une fois la solitude entre les briques.
Encore une fois un matelas pourri sans oreiller.
Encore une fois des cris dans le couloir.

Encore une fois changer de vêtements une fois par semaine.
Encore une fois un minuscule petit crayon.
Encore une fois le miracle : un appel au téléphone.
Encore une fois promenade sans destination.

Encore une fois cage pour « s'amuser ».
Cette fois, ils ne donnent même pas de café.
Encore une fois parterre sale, douche froide…
Encore une fois « échappatoire » pour se plaindre,
Ils ne répondent pas, bien sûr, encore une fois.
Encore une fois « trou » et encore une fois « poésie ».

Dans le système pénal US, avoir eu un procès te gagne du respect

RENÉ GONZÁLEZ

Peu après son retour à Cuba, *Escambray*, un hebdomadaire de la province de Sancti Spíritus, a interviewé René González dans son numéro du 15 juin 2013. Dans l'extrait qui suit, René González parle de son arrestation et du temps qu'il a passé en prison.

■

Escambray : Comment s'est déroulée votre arrestation le 12 septembre 1998 ?

René González : Une « arrestation » aux États-Unis est un euphémisme pour un assaut, c'est littéralement un assaut. Ils prennent ta maison d'assaut avec une débauche de violence visant à te paralyser : c'est la première étape pour essayer de te rendre docile. Les policiers fédéraux ont commencé à cogner sur la porte ; dans d'autres cas, ils ont utilisé un bélier. Nous vivions au bout d'un couloir étroit et la porte était en acier. Il semble que la physique ne les favorisaient pas et ils n'arrivaient pas à la défoncer. Ils cognaient violemment et lorsque j'ai ouvert, ils sont entrés avec leurs pistolets pointés. Ils ont poussé la porte, m'ont jeté à terre en me menaçant avec le pistolet et m'ont immédiatement menotté.

Quand Olguita est sortie de la chambre à coucher, ils l'ont jetée contre le mur. Ensuite ils m'ont mis debout, m'ont demandé si j'étais René González et si je faisais partie des Frères à la rescousse. Ce même samedi ils m'ont emmené en prison.

Escambray : Comment décrire les premiers jours en prison ?

González : Les premiers jours sont terribles. De plus, dans notre cas, ça ne s'est pas passé comme pour les autres où normalement ils t'emmènent dans une zone d'admission, te donnent des vêtements, t'expliquent comment fonctionne la prison et te permettent de passer un coup de fil.

On nous a administré un traitement spécial. Dans le jargon militaire, ils appellent ça « choc et stupeur. » En d'autres termes : on t'arrête violemment, on t'emmène au FBI pour voir si tu es de ceux qui vont plaider coupable ou pas, de ceux qui vont coopérer ou pas. On te met immédiatement dans le « trou », tout seul, pour que tu commences à réfléchir sur ce qui t'attend. Ce sont les jours où tu ne peux pas dormir ; on ne nous a même pas donné un drap, rien.

À cet instant se décide ton avenir. Si tu as décidé de ne pas capituler, tu ne le feras pas plus tard. À partir de ce moment-là, nous avions décidé de ne pas capituler, c'est tout. Voilà ce à quoi j'ai dû faire face.

Jusqu'au lundi, c'était des jours difficiles. C'est toute une pièce de théâtre qui se joue. Le samedi et le dimanche, ils te gardent tout seul avec tes pensées sans pouvoir te raser ou te brosser les dents. Le lundi, on t'habille en clown et on t'emmène à la salle d'audience. On te fait marcher le long d'une allée et il y a toute une meute de gens, remplis de haine, qui te regardent enchaîné, barbu, avec un air cadavérique et en même temps tu t'inquiètes sans cesse pour ta famille.

J'ai eu de la chance. Lorsqu'ils m'ont sorti de l'ascenseur et m'ont emmené dans cette salle remplie de gens, j'ai cherché ma famille et tout à coup j'ai entendu un cri : « Papa !!! » J'ai regardé autour et j'ai vu Irmita qui me faisait un grand signe avec le pouce en l'air. À ce moment-là, j'ai inspiré profondément et je me suis dit : ce souffle durera jusqu'à ce que tout ça soit terminé, et il continue de durer.

Escambray : Qu'est-ce qui vous a permis de ne pas trahir, comme l'ont fait d'autres membres du réseau cubain ?

González : Essentiellement, la dignité humaine. La dignité est une valeur à laquelle je crois. Le procès a montré qu'il y a des gens qui n'y croient pas, mais les valeurs humaines existent. Nous les proclamons tous, mais dans de telles circonstances on voit ceux qui y croient et ceux qui n'y croient pas. Les Cinq y croyaient. Si les valeurs humaines existent, je ne vois pas pourquoi un être humain doit céder à la force brutale — au-delà de ses idéaux politiques.

Pourquoi ce type a-t-il la capacité de me maltraiter, de m'enfermer. Je devrais céder ? Personne ne m'a jamais appris que cela avait la moindre valeur. De plus, il y a la mission que tu étais en train de réaliser, la compréhension de ta cause, la conscience de ce que tu faisais, savoir que tu as raison, savoir que tu défends la vie humaine, savoir que tu es jugé de façon injuste.

Tout ceci s'accumule. Et au-delà de tout ça, il y a la façon dont ils se comportent. Tu les vois en train de mentir au juge, faire du chantage aux témoins, tromper le tribunal, se moquer des ordonnances de la juge, mentir aux jurés, préparer des gens à mentir. Quand tu vois qu'ils s'abaissent et s'abaissent encore, tu te demandes : jusqu'à quel point ces gens peuvent-ils s'abaisser ? Alors tu te dis : moi je ne peux pas céder à ces gens.

Escambray : Vous avez été emprisonné en Pennsylvanie, en Caroline du Sud et en Floride. Comment se faire respecter dans un environnement si hostile ?

González : Dans le cas du système pénitencier aux États-Unis, le fait d'avoir eu un procès te gagne beaucoup de respect : quasiment personne ne passe en procès. Les gens ont peur de passer en procès ; le système est fait de telle sorte que celui qui passe en procès va le perdre. Tes avocats te persuadent de ne pas y aller et de coopérer avec le procureur, et coopérer se termine toujours par dénoncer quelqu'un. Qu'est-ce qui se passe ? Quand tu as eu un procès, tu as tenu tête au gouvernement.

Les gens te respectent beaucoup pour cela. En plus, ils savent que tu ne seras pas un délateur.

Et au-delà de ça, il y a ton propre comportement. Si tu traites bien les gens, généralement ils te traitent bien. Tu dois entrer en relation avec des individus qui ont des attitudes positives, constructives ; éviter les activités comme le jeu et l'endettement ; ne pas t'impliquer dans des bandes.

Les lettres aident beaucoup. Les gens remarquent que tu reçois plein de lettres de tous les pays et ils viennent de demander les timbres. Les timbres que Cuba a émis nous ont aidés. Ils disaient : « Merde ! Ce gars est sur un timbre ! » Même les gardes me demandaient en cachette : « Tu me le signes ? »

ESCAMBRAY : Y a-t-il des compagnons de cellule ou de prison qui t'ont marqués ?

GONZÁLEZ : J'ai eu beaucoup de compagnons de cellule. Je me souviens d'un rappeur qui était avec moi à Marianna et qui s'est tellement engagé dans notre cause qu'un jour il a obtenu un T-shirt et, avec Roddy [Rodolfo Rodríguez], ils y ont peint le symbole des Cinq. Ils sont allés dans la cour de la prison et il y a chanté un rap pour les Cinq. Il s'en est fallu de peu pour que ça chauffe.

Roddy est un cas intéressant. Un Cubain avec un casier judiciaire depuis qu'il est gamin, y compris avec de la violence. Lorsque nous nous sommes rencontrés — il était déjà en pleine évolution — il éprouvait beaucoup de ressentiments contre Cuba. Par le biais de notre relation, il a commencé à

MIGUEL GUZMAN RUIZ/PRENSA LATINA

« Dans le cas du système pénitencier aux États-Unis, explique René González, le simple fait d'avoir eu un procès te gagne beaucoup de respect : quasiment personne ne passe en procès. Les gens ont peur de passer en procès ; le système est fait de telle sorte que celui qui passe en procès va le perdre. Tes avocats te persuadent de ne pas y aller et de coopérer avec le procureur, et coopérer se termine toujours par dénoncer quelqu'un. Quand tu as eu un procès, tu as tenu tête au gouvernement. Les gens te respectent beaucoup pour cela. En plus, ils savent que tu ne seras pas un délateur. »

René González parle avec des journalistes à l'extérieur de la Section des intérêts US à La Havane, le 6 mai 2013, après avoir renoncé à sa citoyenneté US, une condition qu'un tribunal US lui a imposée pour lui permettre de retourner à Cuba.

changer de point de vue sur Cuba, sur la révolution, sur Fidel. À la fin, il était plus communiste que moi. Parfois je riais : « Écoute mon vieux, laisse un peu les gens tranquilles, ne te fâche pas avec tout le monde *. »

Il y avait un détenu blanc supermax [d'une prison à sécurité maximum] qui avait aussi un passé très violent, une enfance très perturbée, et il a fini par devenir un skinhead et attaquer des banques. Petit à petit, il était en train de tout repenser et il a eu la chance de partager une cellule avec moi au moment où il traversait ce processus. Il s'est rapproché de moi, a beaucoup réfléchi avec moi et il a fini par se politiser. En général, oui, il y a beaucoup de respect entre nous tous, les prisonniers.

ESCAMBRAY : Votre femme Olga [Salanueva] est devenue le pilier de la famille, mère et père en même temps. Cependant vous n'avez pas perdu les rênes de la famille.

GONZÁLEZ : C'est Olguita qui tenait les rênes de la famille, soyons francs ! Je n'aime pas diriger les gens de loin. J'avais confiance en Olguita. Mon rôle était de bien faire les choses là où j'étais. J'ai toujours pensé qu'il était important pour eux de savoir que j'allais bien, de la même façon qu'il était important pour moi de savoir qu'elles allaient bien.

Olguita savait ce qu'il fallait faire et elle l'a bien fait. Dans ce contexte, mes échanges avec mes filles, leur offrir des conseils... Elles ont toujours eu une relation très ouverte avec moi. Je ne suis pas un père grincheux. Je pense que je suis un bon père, un bon ami.

ESCAMBRAY : Que faisait René pour éviter la dépression qui touche tout être humain, surtout en étant enfermé ?

GONZÁLEZ : Ça ne m'est pas arrivé, non. J'ai inventé une phrase qui faisait rire tout le monde. Ils me demandaient le

---

* Voir l'entrevue avec Rodolfo Rodríguez, p. 17-26.

matin : « Comment ça va ? » « *I'm always OK* » [Je vais toujours bien]. Alors quand les gens s'approchaient, ils me disaient : « Je sais que tu vas bien. »

Pourquoi je disais ça ? Je ne sais pas, il faut chasser ces choses-là, tu dois lutter. Il y a des matins où tu te réveilles plus anxieux ou disons que l'anxiété arrive, oui. Il y a une dose d'anxiété qui est là, et il faut savoir la reconnaitre et te dire : détends-toi. Il y a des jours où tu te lèves et peut-être que tu es un peu plus irascible. C'est là où il faut te dire : attends un peu, ne va pas te créer un problème.

Je me suis beaucoup refugié dans l'exercice physique, dans la lecture, dans l'étude. Pour moi, c'était important de ne pas regarder l'heure. Le temps ne va pas me tuer, je me disais, et ça a marché. Je ne me suis jamais trouvé déprimé.

Jamais je ne leur donnerai le plaisir de détruire notre famille

ELIZABETH PALMEIRO

L'interview qui suit avec Elizabeth Palmeiro, dont le mari est Ramón Labañino, a eu lieu à La Havane le 5 décembre 2012.

Lors du procès truqué à Miami en 2000-2001, Ramón Labañino était accusé d'avoir agi en tant qu'agent non déclaré d'un gouvernement étranger et de « complot pour recueillir et transmettre à un gouvernement étranger des renseignements liés à la défense nationale, » autrement dit de complot pour commettre de l'espionnage. Il a été condamné à la prison à perpétuité plus 18 ans.

En 2008, une cour d'appel a statué que, dans la mesure où n'y avait aucune preuve d'espionnage et qu'aucune information secrète n'avait été recueillie ou transmise, la peine de Ramón Labañino outrepassait les règles fédérales. L'année suivante, sa condamnation a été réduite à trente ans. S'il devait purger toute sa peine, il ne serait pas libéré avant octobre 2024.

Avant que sa peine ne soit réduite, Ramón Labañino a passé plusieurs années dans les pénitenciers fédéraux de sécurité maximale de Beaumont au Texas et du comté de McCreary dans le Kentucky. Au moment de cette interview, il était détenu dans l'Établissement correctionnel fédéral de sécurité moyenne de Jesup en Géorgie. Il est actuellement dans la prison fédérale de faible sécurité d'Ashland, dans le Kentucky.

L'interview a été réalisée par Mary-Alice Waters, Róger Calero et Martín Koppel.

■

MARY-ALICE WATERS : Elizabeth, pour commencer, parle-nous un peu de toi. Comment vous êtes-vous connus, toi et Ramón ?

ELIZABETH PALMEIRO : Nous nous sommes rencontrés là où, semble-t-il, la plupart des couples cubains se rencontrent : en attendant l'autobus. On se voyait toujours au même arrêt et, quelques semaines plus tard, nous sommes sortis ensemble.

C'était en 1989. Je travaillais pour le ministère de l'Intérieur comme traductrice d'anglais, ce que je fais encore aujourd'hui.

Ramón travaillait comme économiste au ministère du Commerce extérieur. Il avait obtenu son diplôme à l'Université de La Havane, où il avait été un dirigeant de la FEU [Fédération des étudiants universitaires]. Il était aussi très bon au karaté et a remporté des médailles aux jeux universitaires.

Nous nous sommes mariés le 2 juin 1990.

WATERS : C'était au moment où se sont effondrés, du jour au lendemain, tout le commerce et les autres relations entre Cuba et l'Europe de l'Est et l'Union soviétique, et au début de ce que les Cubains appellent la période spéciale.

PALMEIRO : Oui, la situation économique commençait à être très difficile. Quand nous sommes allés acheter des choses avec la prime spéciale que tous les nouveaux mariés recevaient, il n'y avait presque rien dans les magasins : le seul ustensile de cuisine que nous avons pu acheter, c'est une casserole !

WATERS : Et Ramón a commencé sa mission internationaliste aux États-Unis deux ans plus tard, en 1992 ?

PALMEIRO : Oui. Mais ce que Ramón m'a dit, c'est qu'il partait travailler en Espagne, qu'il avait un poste d'économiste dans une compagnie espagnole pour aider à obtenir des médicaments et atténuer les effets du blocus économique des États-Unis. Je pouvais comprendre pourquoi c'était important.

Des mois ont passé et je ne savais rien de lui. Le courrier entre l'Espagne et Cuba était très lent et Ramón n'appelait pas. Il nous envoyait une lettre tous les trois ou quatre mois. Il n'était pas ici quand est née notre première fille Laura en 1992 ; il l'a vue pour la première fois quand elle avait un an. Lorsque Lizbeth est né en 1997, il n'est pas arrivé à temps pour l'accouchement. Il est arrivé plus tard dans la nuit et est resté ensuite un mois à Cuba.

Puis il est reparti pendant un an et demi.

La mère de Ramón ne comprenait pas ce qui se passait. Et quelques membres de ma famille et des camarades de travail faisaient des commentaires un peu décourageants.

WATERS : Tes amies te disaient de le plaquer ? Qu'il vivait sans doute avec une autre femme ?

PALMEIRO : Bon, ce doute planait. Mais il y avait toujours quelque chose dans mon for intérieur qui me disait que Ramón ne pouvait pas être en train de faire ça, qu'il ne pourrait rien faire qui me ferait honte.

Quand Ramón nous rendait visite, il s'adaptait aux coupures d'électricité et aux pénuries ici. Ce n'était pas possible de mettre un bon repas sur la table mais il mangeait tout ce qui était servi. Il ne se plaignait jamais. Il n'y avait pratiquement plus de transports en commun en raison de la pénurie de carburant, de sorte il devait se déplacer à vélo. Il faisait du vélo comme tout le monde. Il devait beaucoup marcher. Il perdait beaucoup de poids quand il était ici, autour de 9 kilos.

Je n'ai jamais imaginé que quand il rentrait à la maison, il traversait aussi un processus de décompression, en raison de la pression à laquelle il était soumis.

Lors de sa deuxième visite en 1995, je lui ai demandé plus d'explications. Il m'a laissé entendre qu'il n'était pas de l'autre côté de l'Atlantique, qu'il était aux États-Unis. Mais il a continué à me dire qu'il travaillait à atténuer un peu les effets du blocus des États-Unis et obtenir l'accès à des médicaments et des machines pour Cuba.

Ma première pensée a été : « Tu ne fais pas de travail d'infiltration, n'est-ce pas ? » Parce que Cuba est victime du terrorisme depuis 1959 et les Cubains savent que tout au long de la révolution il y a eu des hommes comme les Cinq qui infiltrent ces groupes pour connaître leurs plans.

Il a dit : « Moi, non. J'aimerais bien avoir cet honneur. Mais je fais des choses importantes. » Il ne m'a même pas dit qu'il était à Miami. « Ne t'inquiète pas, a-t-il dit. Je suis à Washington, loin d'eux » — c'est-à-dire, loin des contre-révolutionnaires.

Alors je me suis calmée. Et à partir de cet instant, je suis devenu son arrière-garde. J'ai essayé de lui rendre la vie plus facile. Plus de plaintes, plus de doutes insidieux.

En septembre 1998, Ramón allait rentrer chez nous. Il venait de nous rendre visite deux mois plus tôt à cause du décès de sa mère, Nereida Salazar. J'ai nettoyé la maison et me suis préparée pour son retour. Ensuite, j'ai reçu la nouvelle de son arrestation.

Au début je me suis demandée : « S'agit-il d'une erreur ? S'agit-il de quelqu'un d'autre ? » Parce que l'homme qu'ils ont arrêté s'appelait Luis Medina. Ramón ne m'avait pas parlé de sa double identité, bien sûr. Mais quand j'ai vu les photos dans le *Miami Herald*, j'ai su que oui, c'était lui.

C'est à ce moment-là que les autorités cubaines m'ont parlé de la vraie mission de Ramón : infiltrer ces groupes terroristes en Floride en cherchant des informations qui empêcheraient d'autres morts. Bien sûr, lorsqu'il sortira de prison, j'en saurai plus sur ce qu'il faisait. Mais les Cinq étaient impliqués dans ce travail : surveiller les activités d'Orlando Bosch, des Frères à la rescousse, d'Alpha 66, de tous ces groupes terroristes.

Quand j'ai finalement revu Ramón à Miami en 2001, je l'ai remercié de m'avoir tenue dans l'ignorance de sa mission, de m'avoir protégée de la connaissance de qu'il faisait. Si j'avais été au courant, cela aurait mis une énorme pression sur moi, dans une situation où j'assumais mon rôle dans la famille que nous avions construite ensemble. Le jour où j'en ai pris conscience, j'ai ressenti une douleur profonde. Mais en même temps, j'ai ressenti de la fierté. C'était comme si un nouveau Ramón était né. Il a grandi en stature à mes yeux.

Après avoir été arrêtés, les Cinq ont été mis dans le « trou ». C'est la section spéciale de la prison où les détenus sont gardés dans des cellules de punition, isolés de la population générale. Ils y ont été détenus 17 mois, jusqu'en janvier 2000. Même après cela, je n'ai toujours pas eu de communication avec Ramón pendant dix mois, jusqu'à l'ouverture du procès à la fin de novembre. Parce que jusque-là, il continuait à porter le nom de « Luis Medina » : il était censé être portoricain et n'avoir rien à faire avec Cuba. Il n'a eu aucun contact avec sa famille ni avec la Section des intérêts cubains à Washington.

Je savais que Ramón allait bien parce que Roberto, le frère de René, rendait visite à son frère qui lui racontait que les quatre autres allaient bien. Comme Antonio, René était citoyen américain et n'a pas eu à utiliser une fausse identité.

Nous avons donc passé 27 mois sans le moindre contact avec Ramón. La même chose s'est produite avec les familles de Gerardo et de Fernando.

Pendant tout ce temps, même si mes parents savaient que Ramón était en prison, je ne pouvais rien dire à personne : ni les voisins, ni même sa famille. Au cours de ces 27 mois, personne ne savait à quel point c'était difficile, pourquoi j'étais si triste.

Enfin, le 1er ou le 2 janvier 2001, après le début du procès et après que les Cinq ont reconnu leur identité, Ramón a appelé Cuba et parlé avec moi et les filles. Quelle joie immense ! C'était comme si nous nous étions parlé la semaine précédente.

WATERS : Pendant le temps où ils étaient au « trou » dans le Centre de détention fédéral à Miami, Ramón avait-il un contact avec les quatre autres ?

PALMEIRO : Au cours des six premiers mois, chacun des cinq était seul dans sa cellule. Ensuite, les responsables de la prison ont commencé à les mettre par deux, l'un d'entre eux restant seul. Mais ils étaient encore isolés dans ce qu'on appelle la *Special Housing Unit*, l'unité spéciale de logement, les cellules de punition. Ils ont mené une lutte pour sortir du trou avec l'aide de leurs avocats. Au bout de 17 mois, ils ont été transférés au sein de la population carcérale générale [*].

WATERS : As-tu pu assister à une partie du procès ?

PALMEIRO : Non, j'ai suivi ce qui se passait dans la presse de Miami. Et dans le journal de René parce qu'il écrivait tous les jours à sa femme, Olguita [Salanueva], qui avait été expulsée des États-Unis vers Cuba en novembre 2000. Olguita me permettait de lire les lettres pour que je sache ce qui se passait. Et quand Ramón pouvait appeler, il me tenait aussi au courant.

Je n'ai pas vu Ramón avant décembre 2001, lorsque les Cinq ont été condamnés. Même là, je n'ai pas pu assister à sa condamnation parce que les autorités américaines ont retardé mon visa jusqu'au jour où elle a eu lieu. J'ai pu seulement assister à la condamnation des deux derniers, Fernando

---

[*] Voir le récit de Ramón sur cette lutte, p. 35-39.

AVEC L'AIMABLE AUTORISATION D'ELIZABETH PALMEIRO

« Le but des autorités, c'est de briser les prisonniers et leurs familles, dit Elizabeth Palmeiro. Lorsque nous rendons visite à Ramón, je sens qu'ils nous traitent comme des criminels. C'est comme s'ils voulaient nous détruire en tant que famille. Et je ne vais jamais leur donner ce plaisir. »

Ramón avec son épouse Elizabeth Palmeiro (à droite) et ses filles (à partir de la gauche) Ailí, Laura et Lizbeth en 2004, lors d'une visite en prison.

et Tony. Comme les autres, Ramón n'était plus dans la salle d'audience après avoir été condamné.

MARTÍN KOPPEL : Après le procès, combien de fois as-tu pu rendre visite à Ramón en prison ?

PALMEIRO : À l'époque de [George W.] Bush, j'ai dû parfois attendre jusqu'à deux ans et demi avant de pouvoir le revoir. Avec Obama, le processus de visa a été accéléré. En moyenne, je lui rendais visite environ une fois par an et maintenant, deux fois par an.

On nous autorise un maximum de six visites par mois. Alors j'essaie d'organiser un voyage de vingt jours avec six visites à la fin d'un mois et six autres au début du mois suivant.

Chaque jour, je reste du début jusqu'à la fin des heures de visite, de 9 h à 15 h. Mais parfois, tu arrives et ils sont en train de transférer un prisonnier et ils ne vous laissent pas entrer avant 11 h.

Ou bien ils disent qu'il y a du brouillard et qu'il n'y a pas de visite avant qu'il se lève.

Ou il y a un *lockdown* [confinement aux cellules] et ils te font faire demi-tour quand tu arrives à la prison. C'est ce qui s'est passé à plusieurs reprises quand Ramón était dans les prisons à sécurité maximale, celle de Beaumont au Texas et celle du comté de McCreary dans le Kentucky, avant la révision de sa peine. Gerardo est toujours enfermé dans une prison à sécurité maximum à Victorville en Californie.

Au cours d'une visite, Ailí, la fille aînée de Ramón, a attendu tout un mois et a finalement dû retourner à Cuba sans pouvoir voir son papa. À ce moment-là, Ramón a passé 45 jours en *lockdown* à Beaumont. C'était l'une des pires et plus violentes prisons du système fédéral. Il y est resté six ans, de 2002 à 2008.

Puis ils ont envoyé Ramón dans la prison de McCreary. À McCreary, les visites étaient seulement autorisées les samedis et les dimanches. Pouvez-vous imaginer ? Voyager de si loin et être autorisée à lui rendre visite seulement deux jours en fin de semaine ! Une fois, je suis allée dans le Kentucky mais n'ai pu voir Ramón que quatre jours en raison d'un *lockdown*. Après cela, je n'ai plus eu droit de lui rendre visite ni même lui dire adieu au téléphone : après deux années et demi sans le voir.

WATERS : Il est important de parler de ces choses parce que des centaines de milliers de familles ouvrières aux États-Unis connaissent et vivent ces conditions. Il est très courant de voir les autorités envoyer des gens dans des prisons très éloignées de là où ils vivent, ce qui rend les visites très difficiles pour les familles.

PALMEIRO : J'ai partagé cette expérience avec de nombreuses familles qui venaient de très loin pour rendre visite à leurs proches — dix, douze heures de route. Elles arrivent à la prison seulement pour apprendre qu'il y a un *lockdown* et qu'elles ne peuvent pas entrer.

RÓGER CALERO : Comment Ramón est-il vu par les autres prisonniers ?

PALMEIRO : Ils le voient comme une personne différente. Ramón est très solidaire. Les autres prisonniers le respectent. Ils savent qu'il a beaucoup d'amis et de personnes qui le soutiennent de l'extérieur. Ils voient la quantité de courrier qu'il reçoit, la quantité de matériel avec des photos de Ramón et des Cinq. Ça le rend différent aux yeux des autres prisonniers et même de certains gardiens qui savent que les Cinq sont respectés à l'extérieur de la prison.

Je dis à nos amis en dehors de Cuba : écrivez une lettre aux Cinq mais ne soyez pas déçu si vous ne recevez pas de réponse. Ils ne peuvent pas répondre à toutes les lettres qu'ils reçoivent. Mais il est important de leur écrire si nous voulons les protéger.

KOPPEL : J'imagine que certains prisonniers commencent aussi à s'intéresser à leurs idées et à leur travail politique parce qu'ils savent que les Cinq sont des révolutionnaires, des défenseurs de la révolution cubaine.

PALMEIRO : Quelque chose de très intéressant se passe à l'intérieur des prisons. Nombreux sont les prisonniers qui ont commis des erreurs dans la société — certaines plus graves, d'autres moins — mais aucune de celles-ci n'a de rapport avec la politique. Mais quand ils apprennent à connaître Ramón ou n'importe lequel des Cinq, ils finissent par les respecter et même les admirer.

Il reçoit beaucoup de matériel : des livres, des journaux, des articles. Certains des prisonniers qui le connaissent le mieux me demandent de leur envoyer le genre de matériel que j'envoie à Ramón. Ils m'ont demandé des livres, des dictionnaires.

Une des choses que Ramón fait maintenant, c'est donner des cours d'espagnol. Cela aide les prisonniers à communiquer entre eux. Certains prisonniers qui parlent anglais étudient l'espagnol parce qu'ils sont mariés à des Latino-américaines.

CALERO : Donc, tu as eu l'occasion de rencontrer certains de ses codétenus ?

PALMEIRO : Oui. À la prison de Jesup en Géorgie, j'ai rencontré un de ses bons amis, un Cubain, qui a demandé à sa famille de lui rende visite quand j'étais là afin de pouvoir nous rencontrer dans la salle des visites. Lui, il lit toujours les journaux et revues que Ramón reçoit pour se tenir informé sur la cause des Cinq. Et il m'a demandé des livres de José Martí.

Il y a aussi des prisonniers d'autres pays — Guatemala, Colombie, Mexique — qui ont été compagnons de cellule de Ramón et ont partagé les livres et revues qu'il reçoit.

Il a aussi de bons amis parmi les prisonniers africains américains. Il y a beaucoup d'Africains Américains et de Latinos dans les prisons des États-Unis. Je ne connais pas les chiffres exacts mais je n'ai pas besoin de statistiques : je me rends compte de la réalité dans la salle des visites.

WATERS : D'autres prisonniers demandent parfois des livres de Pathfinder ou le *Militant* quand ils ont pris connaissance de ces publications par les Cinq.

PALMEIRO : Chaque prisonnier a droit à seulement cinq livres dans sa cellule. Quand il reçoit un sixième livre, il doit en donner un autre ou s'en débarrasser. Donc Ramón prête le livre et celui-ci commence à circuler. Ce sont des livres qui éduquent, qui enrichissent la connaissance. Ils sont lus par des prisonniers autour de lui.

WATERS : Je me souviens que nous avons reçu une lettre de Ramón après qu'il a lu un des livres publié par Pathfinder, *Cuba et la révolution américaine à venir* de Jack Barnes. Le livre décrit ce que les membres du Parti socialiste des travailleurs et de l'Alliance des jeunes socialistes avons fait aux États-Unis en 1961, au moment de l'invasion de Cuba organisée par les États-Unis. Celle-ci s'est terminée par la victoire à Playa Girón moins de trois jours plus tard. Nous aidions à organiser le comité Fair Play pour Cuba et toutes sortes d'activités.

Ramón nous a écrit que bien qu'il avait lu beaucoup de livres sur Playa Girón, celui-ci lui a appris des choses « qu'il n'avait jamais lues dans d'autres livres sur ce sujet. » Il a dit que pour la première fois, il a compris « l'influence directe de la révolution cubaine, son exemple et ses répercussions sur le peuple des États-Unis et sur l'éducation du mouvement de la gauche révolutionnaire » à cette époque-là.

PALMEIRO : Il lit beaucoup, sur toutes sortes de sujets. Et je lui envoie par courriel beaucoup d'articles pour qu'il soit au fait des activités de solidarité et d'autres choses. Je ne peux pas tout lui dire par téléphone. Les détenus ont droit à trois cents minutes de téléphone par mois et pas plus de 15 minutes par appel. Il doit nous appeler. Nous ne pouvons pas l'appeler même en cas d'urgence familiale.

Calero : Lors de vos visites, pouvez-vous prendre des photos avec votre propre appareil ou devez-vous les acheter ?

Palmeiro : Il y a un détenu dont le travail consiste à prendre des photos des visiteurs qui ont acheté un billet. Tout est payant : les photos, la nourriture du distributeur, les courriels, les appels téléphoniques. Et c'est très cher.

Waters : Roger connaît bien ces conditions pour avoir été emprisonné dans un centre de détention pour immigrants au Texas en 2002.

Calero : Oui, beaucoup de ce que tu as décrit était identique. Tu ne pouvais pas prendre de photos, tu devais les acheter. Mais l'attitude des prisonniers revenait à dire : on ne va pas les laisser nous humilier de cette façon. Alors, quand ils se faisaient photographier, ils étaient tous souriants à côté de leurs êtres chers.

Palmeiro : C'est une façon de prendre une petite revanche. Car le but des autorités, c'est de briser les prisonniers et leurs familles. Lorsque nous rendons visite à Ramón, je sens qu'ils nous traitent comme des criminels. C'est comme s'ils voulaient nous détruire en tant que famille. Et je ne vais jamais leur donner ce plaisir.

Koppel : Ta propre formation comme révolutionnaire travaillant au ministère de l'Intérieur a dû t'aider à affronter cette situation.

Palmeiro : Bien sûr. Mais par-dessus tout, ma formation comme Cubaine. Nous les Cubains, nous comprenons qu'il faut des gens comme les Cinq pour défendre la révolution. Nous avons une longue tradition de lutte, une lutte qui a dû être redoublée après la victoire de la révolution en 1959.

Ça, je l'ai appris avant de rencontrer Ramón. Je l'ai appris de mon père qui était colonel dans les Forces armées révolutionnaires. Maintenant, il est à la retraite. Ma mère dit que mon père ne m'a vue que deux semaines après ma naissance en 1965. Son unité militaire était en poste ailleurs. Il était toujours en différentes missions et affectations, loin de la maison.

Mon père venait d'avoir 19 ans le 16 avril 1961, quand a débuté l'invasion de Playa Girón [la baie des Cochons]. Il y servait dans une unité antiaérienne. Il faisait partie de ces jeunes — on les appelle *los niños héroes* [les gamins héroïques] — qui sont allés défendre Playa Girón.

WATERS : Nous savons qu'il s'agit d'une lutte politique prolongée parce que le gouvernement américain cherche à punir les Cinq et le peuple cubain pour avoir défendu leur révolution, pour avoir fourni un exemple au monde entier. Mais aujourd'hui, les possibilités sont plus grandes que jamais aux États-Unis d'élargir le soutien à la lutte pour libérer les Cinq. Des millions de travailleurs ont vécu des expériences telles que celles que tu as décrites, avec la « justice » de classe de la police, des tribunaux et des prisons aux États-Unis. Ils peuvent s'identifier aux Cinq.

PALMEIRO : C'est important de voir les Cinq comme des êtres humains ordinaires.

WATERS : Et comme les révolutionnaires qu'ils sont encore, où qu'ils se trouvent.

PALMEIRO : Oui, ils ne croupissent pas dans leurs cellules à la recherche de pitié. Il y a ceux qui présentent leurs cas comme une tragédie, une tragédie digne de soutien. Mais nous ne cherchons pas à inspirer la pitié. Solidarité, oui. Pitié, non.

Pour les Cinq, être prisonnier fait partie d'une mission. Ils n'aiment pas s'attarder sur les problèmes de santé qui se sont inévitablement développés à cause de toutes ces années d'incarcération. Ils maintiennent leur dignité. Mais les problèmes de santé qu'ils ont rencontrés pendant toutes ces années n'ont pas reçu l'attention nécessaire. C'est la vérité.

Koppel : Comme l'a dit Ramón lui-même : « Je porterai mon uniforme de prisonnier avec le même honneur et le même orgueil qu'un soldat porte ses décorations les plus précieuses. »

Palmeiro : C'est ce qu'il a dit dans la salle d'audience, juste avant d'être condamné. Pour Ramón et pour tous les Cinq, l'uniforme de prisonnier est un symbole de la justesse de ce qu'ils faisaient.

Waters : Dans une interview avec une journaliste cubaine il y a quelques années, Ramón racontait que sa mère avait toujours voulu qu'il porte un uniforme militaire cubain. Pourtant, a-t-il dit, « je n'ai jamais été en mesure de dire à ma mère que dès mon jeune âge je réalisais en fait ses rêves. J'étais un militaire du silence, sans uniforme. »

Palmeiro : Je préfère « soldat du silence. » Cela exprime mieux sa discipline, son engagement.

Quand le peuple des États-Unis découvrira la vérité sur cette cause — quand il verra qui sont vraiment ces hommes, ce qu'ils faisaient et pourquoi ils le faisaient — il exigera la libération des Cinq et soutiendra leur cause. J'en suis convaincue.

Il sera fier d'avoir de tels hommes dans ses rangs.

Pourquoi luttons-nous pour les Cinq ? Parce que nous luttons pour nous

RAFAEL CANCEL MIRANDA

Dirigeant révolutionnaire de la lutte pour l'indépendance de Porto Rico depuis plus de six décennies, Rafael Cancel Miranda a été le principal orateur d'une réunion qui s'est tenue le 14 septembre 2012 à Washington pour exiger du gouvernement US qu'il libère les Cinq Cubains. Cette réunion marquait le début de leur quinzième année d'incarcération.

Partisans du Parti nationaliste dirigé par Pedro Albizu Campos, Cancel Miranda et quatre autres combattants pour l'indépendance de Porto Rico ont passé plus d'un quart de siècle en prison aux États-Unis pour leurs actions indépendantistes.

∎

MERCI BEAUCOUP pour votre présence.

Pourquoi luttons-nous pour les Cinq ? Parce que nous luttons pour nous. Nous ne leur rendons pas un service. Nous nous rendons service à *nous-mêmes*. Nous luttons pour nous, pour notre liberté.

Pourquoi les Cinq sont-ils en prison ? Pour avoir défendu leur pays. Pour avoir empêché ces assassins de tuer leur peuple.

Ils m'ont traité de terroriste. De fait, ils m'ont menacé aujourd'hui, ici à Washington. Un de ces individus de droite a écrit : « Un terroriste portoricain est en ville. » Ça ne me dérange pas. S'ils me traitent de terroriste, ça veut dire que je fais quelque chose de bien. Par contre, s'ils me donnent une tape sur l'épaule, je fais quelque chose de mal. [*Applaudissements*] Vous savez, j'ai été dans la même prison qu'Orlando Bosch avant qu'il fasse exploser la bombe dans l'avion. Nous étions tous les deux à Marion [1].

Quand ils l'ont amené à Marion au début, le directeur de la prison m'a convoqué en disant qu'il voulait me parler. Normalement, je ne parlais pas beaucoup avec les responsables de la prison. On m'a emmené dans son bureau et il m'a dit : « Nous allons amener deux prisonniers ici. Si quelque chose leur arrive, c'est toi qui seras responsable. » J'ai dit au directeur : « Tant qu'ils ne me cherchent pas des noises, tout ira bien. » Je ne savais même pas qui ils étaient et le directeur ne me l'a pas dit.

Je les ai vus environ une semaine ou deux plus tard. C'était Orlando Bosch et Rolando Masferrer [2]. Chaque fois que je croisais ces types, si j'allais dans une direction, ils partaient dans une autre. Vous voyez combien Bosch était courageux !

1. Orlando Bosch, un contre-révolutionnaire formé par la CIA, a purgé une peine de 10 ans à la prison fédérale de Marion, dans l'Illinois, pour une attaque au bazooka contre un cargo polonais dans le port de Miami en 1968. Libéré sous condition, il s'est rendu au Venezuela où, en 1976, lui et Luis Posada Carriles ont organisé un attentat à la bombe contre un avion de ligne cubain au-dessus de la Barbade. Dans la réunion du 14 septembre 2012 à Washington, José Pertierra, avocat du gouvernement vénézuélien dans ses efforts pour faire extrader Luis Posada Carriles, avait raconté l'histoire de l'attentat.

2. Pendant la dictature de Fulgencio Batista à Cuba dans les années 1950, Rolando Masferrer était à la tête d'un escadron de la mort pro-gouvernemental. Après le triomphe de la révolution, Masferrer s'est enfui à Miami, où il a été reconnu coupable et emprisonné en 1968 sous des accusations d'avoir violé la Loi de neutralité US. Il a été tué en 1975 dans l'explosion de sa voiture, un attentat vraisemblablement commis par des contre-révolutionnaires rivaux.

En dehors de la prison, il plantait des bombes au milieu de la nuit. Mais d'homme à homme, c'était un lâche. Il ne s'approchait jamais de moi.

Soit dit en passant, lorsque Rolando Masferrer est sorti de prison, il a été tué. Ils ont posé une bombe dans sa voiture. Ils se tuaient aussi entre eux.

Nous devons garder vivants les noms des Cinq. Pour deux raisons.

Premièrement, en même temps que nous luttons pour eux — et c'est bel et bien une *lutte*, nous luttons pour leur liberté — ils nous transmettent de la prison leur lumière et leur force.

Grâce à eux — Antonio, Fernando, René, Gerardo et Ramón — des milliers, sinon des millions de personnes ont appris la vérité sur qui est l'ennemi.

Il y a peu, j'ai parlé avec Gerardo au téléphone. C'était la première fois que nous nous parlions. Pas une fois il n'a dit quelque chose du genre : « Oh, pauvre moi. » Rien de tel. Les hommes et les femmes comme lui sont forts.

Mais il y a une autre raison pour laquelle nous devons lutter pour les Cinq. J'ai dit une fois à Ricardo Alarcón [alors président de l'Assemblée nationale de Cuba] que nous devons continuer la lutte parce que nous protégeons la vie des Cinq. Plus il y a de gens qui luttent pour eux, plus leurs geôliers devront être prudents avec eux.

■

Je suis ici aujourd'hui grâce à des gens comme vous qui avez continué de lutter, lutter et lutter. Et si je suis toujours en vie, c'est grâce à des gens comme vous. Parce que dans la prison et à Washington, ils savaient que des milliers de personnes veillaient sur nous. Ils ont donc été plus prudents.

« Grâce à Antonio, Fernando, René, Gerardo et Ramón, des milliers sinon des millions de personnes ont appris la vérité sur qui est l'ennemi, a dit Rafael Cancel Miranda. Aujourd'hui, c'est nous qui les remercions pour l'exemple qu'ils nous donnent. »

En haut. Rafael Cancel Miranda appelle en septembre 2012 à la libération des Cinq Cubains lors d'une réunion à Washington.

En bas. Cancel Miranda (à gauche) donne un cours d'espagnol dans le pénitencier de Marion en Illinois en 1975. Entre 1977 et 1979, lui et quatre autres combattants pour l'indépendance de Porto Rico ont obtenu leur libération après plus de 25 ans de prison.

Parfois, nous ressentons un peu de frustration. Parfois, nous voulons que des choses se produisent. Mais les choses ne vont pas se produire tant que des gens ne font pas en sorte qu'elles se produisent. Nous allons continuer à lutter et lutter.

Quand les Cinq sont informés de la tenue de rassemblements comme celui-ci, ils se sentent plus forts. Pas qu'ils aient besoin de plus de force : ils sont forts. Mais je sais que lorsque nous étions en prison, chaque fois que je recevais une lettre de solidarité, je me sentais bien.

À propos, j'ai dit à [José] Pertierra que j'ai passé 27 ans et demi en prison. La deuxième fois, j'ai passé 25 ans et demi à cause de ces « pétards » que nous avions allumés à Washington en 1954 [3].

La première fois qu'ils m'ont emprisonné, j'étais à l'école secondaire à Porto Rico. C'était pendant la guerre de Corée. J'avais 18 ans. Ils voulaient que je fasse partie de leur armée.

La première fois, ils m'ont mis en prison pour *ne pas* avoir tiré. Et la deuxième fois qu'ils m'ont mis en prison, c'était pour *avoir* tiré. On dirait que ça dépend sur qui vous tirez. [*Rires et applaudissements*]

À propos, ce sont *eux* qui ont envahi mon pays. Ils ont bombardé mon pays le 12 mai 1898 et tué des Portoricains. Et le 25 juillet 1898, ils nous ont envahis et ont tué des

---

3. En 1954, Rafael Cancel Miranda, Lolita Lebrón, Andrés Figueroa Cordero et Irving Flores sont entrés dans la Chambre des représentants à Washington, ont déployé un drapeau portoricain depuis un balcon et tiré des coups de pistolet dans la salle plus bas, blessant cinq membres du Congrès. Reconnus coupables et condamnés à des peines de prison allant jusqu'à 81 ans, ils ont rejoint un cinquième membre du Parti nationaliste, Oscar Collazo, emprisonné quatre ans plus tôt pour avoir attaqué la résidence temporaire du président US Harry Truman.

Portoricains. C'est l'armée US qui l'a fait : l'armée même dans laquelle ils voulaient m'enrôler.

Le 24 octobre 1935, ils ont massacré mon peuple à Río Piedras sous les ordres du colonel Elisha Francis Riggs, le chef de la police de Porto Rico nommé par Washington. Au Nicaragua, Riggs avait participé à l'assassinat du général des hommes libres, Augusto César Sandino.

Le 21 mars 1937, ils ont une fois de plus massacré mon peuple à Ponce, sous les ordres de Blanton Winship. Tout comme Riggs, il avait publiquement déclaré : « Face aux nationalistes, tirez pour tuer [4]. »

Et ensuite, ils pensent que nous allons les couvrir de baisers et de roses.

Ils nous ont envahis, mais ils veulent que nous disions : « Merci, vous êtes tellement aimables. » Et ils s'attendent à ce que nous nous engagions dans leur armée pour tuer des gens qui ne nous ont rien fait en Corée et dans d'autres pays.

Nous pouvons être aussi pacifiques que nous le voulons. Mais cela ne signifie pas que nous devons tout encaisser, que nous devons leur permettre de faire ce qu'ils veulent de nous. Nous avons le droit de lutter, de résister. [*Applaudissements*]

---

4. En 1898, le gouvernement US a déclaré la guerre à l'Espagne et saisi ses colonies de Porto Rico, des Philippines et de Guam. Les soldats US ont aussi occupé Cuba, qui avait livré trois guerres d'indépendance contre l'Espagne depuis 1868. Le 12 mai 1898, des navires US ont bombardé San Juan à Porto Rico et quelques mois plus tard, le 25 juillet, des soldats US ont envahi l'île à Guánica. Porto Rico est resté depuis sous la botte coloniale de Washington.

Le 24 octobre 1935, la police a tué quatre partisans du Parti nationaliste à l'Université de Porto Rico à Río Piedras. Le 21 mars 1937, elle a ouvert le feu sur un rassemblement du Parti nationaliste dans la ville de Ponce, tuant 21 personnes et en blessant 200. Le gouverneur colonial était alors le général Blanton Winship, nommé par le président US Franklin Roosevelt.

Comme je l'ai dit, je fréquentais l'école secondaire à Porto Rico, j'avais presque 18 ans et ils ont voulu m'incorporer dans leur armée pour aller tuer des Coréens. Mais pourquoi aurais-je dû le faire ? Le peuple coréen n'a pas envahi mon pays.

Je savais qui avait envahi mon pays. Si des gens envahissent ton pays, tu vas lutter contre *eux*, non ?

Ils disent qu'ils ne sont pas des terroristes. Ils peuvent tuer comme ils le font en Irak et en Afghanistan — tuer des milliers d'enfants et d'autres gens. Mais ce sont des bombes « démocratiques ».

Lorsque *nous*, nous nous défendons, ils nous traitent de « terroristes ». Quand Antonio défend son peuple, c'est un « terroriste ». Ramón, René, Gerardo, Fernando sont des « terroristes » parce qu'ils ont empêché que des actes terroristes soient commis contre leur peuple.

Si c'est ça être un terroriste, Seigneur, faites de moi un terroriste toute ma vie. [*Applaudissements et acclamations*]

J'ai oublié de vous dire quelque chose. Batista aussi m'a mis en prison[5].

Bon, si quelqu'un comme Batista — ou Somoza, Stroessner ou Pinochet — ne t'aime pas, cela signifie que tu es en train de faire quelque chose de bien.

■

C'est une campagne internationale qui m'a permis d'être ici et de pouvoir partager ce moment avec des gens comme vous : c'est une campagne internationale, et Cuba. Quand le

---

5. Rafael Cancel Miranda a décrit cet épisode dans une entrevue publiée dans l'édition du 21 juillet 2006 du quotidien cubain *Granma* sous le titre « Expulsé par Batista, accueilli par Fidel. » Cette entrevue a été traduite en anglais dans l'édition du 5 novembre 2012 du *Militant*.

gouvernement des États-Unis s'est rendu compte que ça ne lui convenait plus de nous garder en prison, il a cherché à faire un échange de prisonniers avec Cuba [6]. Mais c'était grâce à des gens comme vous.

Carter était en train de dire au monde entier : « Les droits de l'homme ! Nous sommes les champions des droits de l'homme ! »

Et les gens disaient : « Mais vous gardez cinq nationalistes portoricains en prison. Pourquoi sont-ils emprisonnés depuis si longtemps ? »

Vous savez, nous aurions pu sortir de prison bien avant, quatre ans avant l'échange de prisonniers. Nous sommes sortis de prison le 10 septembre 1979. Au cours des quatre années précédentes, le FBI n'avait cessé de venir nous voir en prison pour nous proposer la liberté en échange d'une demande de pardon. Lolita Lebrón, Andrés Figueroa Cordero, Irving Flores, Oscar Collazo et moi-même, nous avons tous rejeté cette offre.

Oui, nous aussi nous étions cinq, les Cinq nationalistes. Et maintenant nous avons les Cinq Cubains.

Pourquoi voulaient-ils que nous demandions pardon ou que nous acceptions des conditions ? Parce que nous étions devenus un symbole de la résistance de nos peuples, y compris de la résistance des peuples du Nicaragua, du Salvador, du Guatemala et d'autres pays. Et ils voulaient écraser ce symbole.

Mais nous leur avons répondu : « C'est vous qui devez nous demander pardon. C'est vous qui avez bombardé notre pays, qui avez massacré notre peuple. »

6. Le gouvernement révolutionnaire de Cuba avait proposé de libérer quatre agents US emprisonnés, y compris l'agent avoué de la CIA Lawrence Lunt, si Washington libérait les quatre nationalistes toujours en prison. C'est ce qu'a fait Cuba en septembre 1979, dix jours après le retour chez eux des révolutionnaires portoricains.

La pression internationale était donc forte. Et c'est là que Fidel est arrivé. Quand je dis Fidel, je veux dire Cuba. Parce que si vous cherchez un gouvernement qui représente vraiment le peuple, c'est celui de Cuba.

J'avais 23 ans lorsque j'ai gravi les marches du Capitole. Aujourd'hui, j'en ai 82 et je n'ai changé en rien ma façon de penser.

Sauf qu'aujourd'hui, peut-être, je suis un peu plus révolutionnaire parce que je connais mieux l'ennemi.

Aujourd'hui, c'est nous qui remercions les Cinq Cubains. Nous les remercions pour l'exemple qu'ils nous donnent.

Les Cinq Cubains

« Je mourrai comme j'ai vécu »
15 aquarelles d'Antonio Guerrero, peintes à l'occasion du 15ᵉ anniversaire de l'incarcération des Cinq Cubains

Ces 15 toiles décrivent de manière frappante les 17 mois passés par les Cinq Cubains dans le « trou » du Centre de détention fédéral de Miami à la suite de leur arrestation en 1998. Cette fenêtre permet aux travailleurs de partout de s'identifier avec les batailles menées par les Cinq et d'apprécier non seulement leur intégrité, leur courage et leur créativité, mais aussi leur sens de l'humour. 7 $ US. Aussi en anglais et en espagnol.

Les Cinq Cubains
Qui ils sont
Pourquoi le coup monté contre eux
Pourquoi ils doivent être libres

Ce cahier décrit la lutte internationale pour libérer Gerardo Hernández, Ramón Labañino, Antonio Guerrero, Fernando González et René González. Il montre comment la bataille pour défendre les Cinq fait partie de la lutte de classe aux États-Unis, où des millions de travailleurs savent comment les tribunaux et les prisons servent à punir ceux qui refusent d'accepter les conditions que le capitalisme nous impose. 5 $ US. Aussi en anglais et en espagnol.

Cuba et l'Angola
Lutter pour la libération de l'Afrique et pour la nôtre

L'histoire de la mission internationaliste de près de 16 ans menée par Cuba pour aider le peuple de l'Angola, racontée par ceux qui l'ont accomplie, dont Fidel Castro, Nelson Mandela et Raúl Castro. Avec un article de Gabriel García Márquez. Ce cahier contient aussi les témoignages de trois des Cinq Cubains qui ont combattu en Angola. En anglais et en espagnol. 12 $ US

www.pathfinderpress.com

La classe ouvrière et la défense des droits politiques

50 ANNÉES D'OPÉRATIONS SECRÈTES AUX USA

Nouvelle édition

La police politique de Washington et la classe ouvrière américaine

Larry Seigle, Farrell Dobbs, Steve Clark

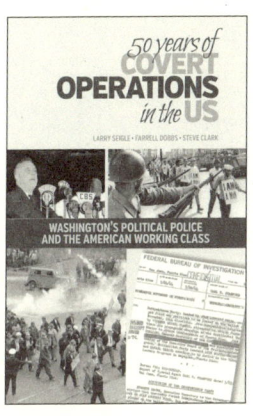

La campagne politique menée pendant 15 ans par le Parti socialiste des travailleurs afin de mettre à nu des décennies d'espionnage et de perturbation par le FBI et d'autres agences policières à l'encontre des organisations ouvrières et d'autres opposants aux politiques du gouvernement. Retrace les origines des efforts bipartites visant à étendre les pouvoirs présidentiels et à construire un État de « sécurité nationale » essentiel au maintien du régime capitaliste. Comprend « La guerre impérialiste et la classe ouvrière » de Farrell Dobbs. En anglais et en espagnol. 12 $ US

LE SOCIALISME AU BANC DES ACCUSÉS

Nouvelle édition

Témoignage au procès pour sédition de Minneapolis

James P. Cannon

Le programme révolutionnaire de la classe ouvrière, tel que présenté en 1941 lors du procès pour « complot séditieux » de dirigeants du mouvement syndical de Minneapolis et du Parti socialiste des travailleurs. Ce livre comprend la réponse de l'auteur à des critiques gauchistes adressées aux accusés, où il s'appuie sur les leçons du mouvement ouvrier — de Marx et Engels à la révolution d'octobre et au-delà. En anglais et en espagnol. 16 $ US

www.pathfinderpress.com

LIBÉRATION DES FEMMES ET SOCIALISME

Les femmes à Cuba : la réalisation d'une révolution au sein de la révolution
VILMA ESPÍN, ASELA DE LOS SANTOS, YOLANDA FERRER

La révolution sociale qui a renversé en 1959 la dictature sanglante de Fulgencio Batista a commencé dans les rues de villes comme Santiago de Cuba et dans les zones montagneuses libérées par l'Armée rebelle dans l'est de Cuba. L'intégration sans précédent des femmes dans les rangs et la direction de la lutte est une véritable mesure de son cours révolutionnaire jusqu'à aujourd'hui. Voici les témoignages de première main de femmes qui ont contribué à sa réalisation et qui en racontent l'histoire — et de « la révolution qui a eu lieu en son sein. » Introduction de Mary-Alice Waters. En anglais et en espagnol. 20 $ US

Les cosmétiques, la mode et l'exploitation des femmes
JOSEPH HANSEN, EVELYN REED, MARY-ALICE WATERS

Comment le grand capital joue sur le statut de deuxième classe et l'insécurité sociale des femmes pour vendre des cosmétiques et empocher des profits. L'introduction de Mary-Alice Waters explique comment l'entrée de millions de femmes dans la main-d'oeuvre durant et après la deuxième guerre mondiale a transformé de manière irréversible la société US et jeté les bases d'une nouvelle montée des luttes pour l'émancipation des femmes. En anglais, espagnol et farsi. 15 $ US

L'émancipation des femmes et la lutte de libération de l'Afrique
THOMAS SANKARA

« Les femmes et les hommes de notre société sont tous victimes de l'oppression et de la domination impérialistes. C'est pourquoi ils mènent le même combat. La révolution et la libération de la femme vont de pair. Et ce n'est pas un acte de charité ou un élan d'humanisme que de parler de l'émancipation de la femme. C'est une nécessité fondamentale pour le triomphe de la révolution. » 8 $ US. Aussi en anglais, espagnol et farsi.

www.pathfinderpress.com

de Pathfinder

MALCOLM X, LA LIBÉRATION DES NOIRS ET LA VOIE VERS LE POUVOIR OUVRIER

JACK BARNES

« Ne commencez pas avec les Noirs en tant que nationalité opprimée. Commencez avec la place et le poids d'avant-garde des travailleurs qui sont noirs dans les grandes luttes politiques et sociales dirigées par le prolétariat aux États-Unis. De la guerre civile à aujourd'hui, le bilan est ahurissant. C'est la force et la résistance qui vous sidèrent, pas l'oppression. » *Jack Barnes*

Tirant les leçons d'un siècle et demi de lutte, ce livre nous aide à comprendre pourquoi c'est la conquête révolutionnaire du pouvoir par la classe ouvrière qui rendra possible la bataille finale pour la libération des Noirs — et ouvrira la voie à un monde basé non pas sur l'exploitation, la violence et le racisme, mais sur la solidarité humaine. Un monde socialiste.

20 $ US. Aussi en anglais, espagnol et arabe.

À lire en complément
LE VISAGE CHANGEANT DE LA POLITIQUE AUX ÉTATS-UNIS
La politique ouvrière et les syndicats

JACK BARNES

Un guide pour les travailleurs qui cherchent à construire le genre de parti nécessaire pour nous préparer aux batailles de classe qui viennent, dans lesquelles nous nous révolutionnerons, révolutionnerons nos syndicats et révolutionnerons toute la société.

24 $ US. Aussi en anglais, espagnol et suédois.

WWW.PATHFINDERPRESS.COM

Nouvelle Internationale

UNE REVUE DE POLITIQUE ET DE THÉORIE MARXISTES

NOUVELLE INTERNATIONALE N° 7

Le long hiver chaud du capitalisme a commencé
Jack Barnes

Et « *Leur transformation et la nôtre,* » *résolution du Parti socialiste des travailleurs*

Les conflits interimpérialistes qui s'aiguisent aujourd'hui sont alimentés à la fois par le début de ce qui sera des décennies de convulsions économiques, financières et sociales et de batailles de classe, et par le plus important changement dans la politique et l'organisation militaires de Washington depuis l'escalade US qui a conduit à la deuxième guerre mondiale. Les travailleurs ayant un esprit de lutte de classe doivent faire face à ce point tournant de l'impérialisme et prendre plaisir à projeter avec audace un cours révolutionnaire pour y faire face. 16 $ US

NOUVELLE INTERNATIONALE N° 8

Notre politique commence avec le monde
Jack Barnes

Les énormes inégalités économiques et culturelles qui existent entre les pays impérialistes et semi-coloniaux et entre les classes de presque tous les pays sont produites, reproduites et accentuées par le fonctionnement du capitalisme. Pour que les travailleurs d'avant-garde puissent construire des partis capables de diriger une lutte révolutionnaire victorieuse dans nos propres pays, dit Jack Barnes, nous devons guider notre activité avec une stratégie visant à combler cet écart.

Contient aussi : « L'agriculture, la science et les classes travailleuses » de Steve Clark ; et « Capitalisme, travail et nature, » un échange entre Richard Levins et Steve Clark. 14 $ US

TOUS CES NUMÉROS SONT AUSSI DISPONIBLES EN ANGLAIS ET EN ESPAGNOL
WWW.PATHFINDERPRESS.COM

Ouvrages de cette série

RÉDIGÉS ET PRÉSENTÉS PAR MARY-ALICE WATERS

En français, anglais et espagnol

« Je mourrai comme j'ai vécu »
ANTONIO GUERRERO (2014)

Voix depuis la prison : les Cinq Cubains
RAFAEL CANCEL MIRANDA, RODOLFO RODRÍGUEZ, CARLOS ALBERTO TORRES, ELIZABETH PALMEIRO, GERARDO HERNÁNDEZ, RAMÓN LABAÑINO (2014)

Les Cinq Cubains
MARTÍN KOPPEL ET MARY-ALICE WATERS (2012)

Les Première et Deuxième déclarations de La Havane
(2007)

Cuba et la révolution américaine à venir
JACK BARNES (2001)

Che Guevara : l'économie et la politique dans la transition au socialisme
CARLOS TABLADA (1989)

En anglais et en espagnol

Cuba et l'Angola : lutter pour la libération de l'Afrique et pour la nôtre
FIDEL CASTRO, RAÚL CASTRO, NELSON MANDELA ET AUTRES (2013)

Les femmes et la révolution : l'exemple vivant de la révolution cubaine
ASELA DE LOS SANTOS ET MARY-ALICE WATERS (2013)

Les femmes à Cuba : faire une révolution au sein de la révolution
VILMA ESPÍN, ASELA DE LOS SANTOS ET YOLANDA FERRER (2012)

Soldat de la révolution cubaine
LUIS ALFONSO ZAYAS (2011)

Le capitalisme et la transformation de l'Afrique
MARY-ALICE WATERS ET MARTÍN KOPPEL (2009)

Notre histoire s'écrit toujours
ARMANDO CHOY, GUSTAVO CHUI ET MOISÉS SÍO WONG (2005)

Aldabonazo
ARMANDO HART (2004)

Les Marianas au combat
TETÉ PUEBLA (2003)

Suite à la page suivante

De l'Escambray au Congo
VÍCTOR DREKE (2002)

Playa Girón / Baie des Cochons
FIDEL CASTRO ET JOSÉ RAMÓN FERNÁNDEZ (2001)

Terrain fertile : Che Guevara et la Bolivie
RODOLFO SALDAÑA (2001)

Che Guevara parle aux jeunes
(2000)

Faire l'histoire
ENTRETIENS AVEC QUATRE GÉNÉRAUX CUBAINS (1999)

Aux côtés de Che Guevara
HARRY VILLEGAS (1997)

Quel chemin, nous les esclaves, avons-nous franchi !
NELSON MANDELA ET FIDEL CASTRO (1991)

U.S., hors du Moyen-Orient !
FIDEL CASTRO ET RICARDO ALARCÓN (1990)

En anglais

Octobre 1962 : la crise des « missiles » vue de Cuba
TOMÁS DIEZ ACOSTA (2002)

Pombo : un homme de la guérilla du Che
HARRY VILLEGAS (1997)

Épisodes de la guerre révolutionnaire, 1956-1958
ERNESTO CHE GUEVARA (1996)

Le journal de Bolivie d'Ernesto Che Guevara
(1994)

Dire la vérité
FIDEL CASTRO ET ERNESTO CHE GUEVARA (1992)

Défense du socialisme
FIDEL CASTRO (1989)

En arabe

Voix depuis la prison : les Cinq Cubains
RAFAEL CANCEL MIRANDA, RODOLFO RODRÍGUEZ, CARLOS ALBERTO TORRES, ELIZABETH PALMEIRO, GERARDO HERNÁNDEZ, RAMÓN LABAÑINO (2014)

Les Première et Deuxième déclarations de La Havane
(2008)

PATHFINDER DANS LE MONDE

Pour obtenir une liste complète de nos titres ou en commander, visitez

www.pathfinderpress.com

LES DISTRIBUTEURS DES ÉDITIONS PATHFINDER

ÉTATS-UNIS
(et Amérique latine, Antilles et Asie de l'Est)
Pathfinder Books, 306 W. 37th St., 13ᵉ étage,
New York, NY 10018

CANADA
Livres Pathfinder, 7107, rue St-Denis, suite 204,
Montréal, QC, H2S 2S5

ROYAUME-UNI
(et Europe, Afrique, Moyen-Orient et Asie du Sud)
Pathfinder Books, 1ᵉʳ étage, 120 Bethnal Green Road
(entrée par Brick Lane), Londres, E2 6DG

AUSTRALIE
(et Asie du Sud-Est et Pacifique)
Pathfinder, niveau 1, 3/281-287 Beamish St., Campsie, NSW 2194
Adresse postale : P.O. Box 164, Campsie, NSW 2194

NOUVELLE-ZÉLANDE
Pathfinder, 188a Onehunga Mall, Onehunga, Auckland 1061
Adresse postale : P.O. Box 3025, Auckland 1140

Adhérez au club des lecteurs de Pathfinder et obtenez un rabais de 15 pour cent sur tous les titres de Pathfinder et de plus grands rabais sur les spéciaux. Contactez www.pathfinderpress.com ou les distributeurs qui précèdent.

Écrivez-leur !

Gerardo Hernández
Reg. #58739-004
US Penitentiary
P.O. Box 3900
Adelanto, CA 92301

**Ramón Labañino
(Luis Medina)**
Reg. #58734-004
FCI Ashland
P.O. Box 6001
Ashland, KY 41105
Note : l'enveloppe doit être adressée à « Luis Medina » mais la lettre à l'intérieur à Ramón.

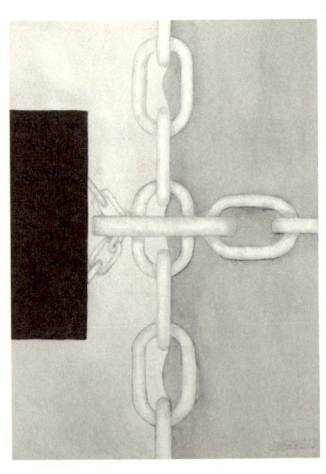

Antonio Guerrero
Reg. #58741-004
APACHE A
FCI Marianna
P.O. Box 7007
Marianna, FL 32447

POUR PLUS D'INFORMATION :

www.thecuban5.org
Comité international pour la libération des Cinq Cubains

www.freethefive.org
Comité national pour la liberté des Cinq Cubains

www.antiterroristas.cu